国家出版基金项目
NATIONAL PUBLICATION FOUNDATION

实践与反思教育学文丛

丛书主编 陈向明

表扬与批评现象学

Phenomenology of Praise and Criticism

朱光明 著

教育科学出版社
·北 京·

丛书序

我们需要什么样的教育学？

——兼论实践-反思教育学

教育学的学科化，是一段从哲学、心理学不断独立出来的世纪历程。直到21世纪的今天，教育学依然朝着这个方向努力。然而，教育学的立场、价值和不可替代性究竟是什么呢？如果说教育学是一门研究教育现象及其规律的科学，那么我们需要认识、理解并解释教育现象；但实质上教育学面对的不只是诸多现象，而是在现象中发挥主体作用的活生生的人。通过教育研究提升人的生命质量，既是回应21世纪素养导向的教育变革理念，也是中国传统哲学中“学以为己”的价值追求所在。

北京大学教育质性研究团队在过去20多年时间里，扎根教育现场，希冀通过扎实的实征（empirical）研究探寻出适合我国国情，且能被一线教师接纳，并对改进教育实践起到实质性效果的教育研究之路。为此，我们提出了“实践-反思教育学”作为这一支研究取向的学术标志。这样一种教育学不仅仅回应了西方有关哲学传统，而且根植于我国的本土文化积淀。

首先，实践-反思教育学是回应西方哲学传统的教育学。根据古希腊哲学家亚里士多德的观点，“实践”（praxis）是一种有目的、有价值导向、致力于问题解决的活动。它在理论与实际操作之间来回修正二者，具有反思性和反身性，要求实践者深思熟虑，在恰当的时机做出适宜的行动。根据西方实用主义哲学家杜威（John Dewey）及其后学舍恩（Donald A. Schön）和阿基里斯（Chris Argyris）等人的观点，“反思”指的是“做”与“受”之间的回话与相互映照，即行动者在思维与行动时，根据情境的反映与对话，重构问题框架，不断调适自己的行动，并进而反思自己的价值观和基本假定。这种调适不仅包含行动主体的思维活动，而且渗透着他们的情感、价值观和信仰。据此，实践-反思教育学立足于教育教学实践，研究者在高度关注教育实践的真实性和复杂性的同时，还要具有反思的意识和能力。研究者不仅需要了解和理解被研究的现象和问题，同时需要不断监控自己和实践者在研究过程中所发生的变化、这些变化发生和发展的机制，以及这些变化对研究过程和研究结果所产生的影响。

其次，实践-反思教育学是具有原创性的中国本土教育学。实践与反思对应着中国哲学的知行观。知与行是中国思想史中一对既相互独立又紧密相关的概念，背后的中国文化对教育研究者的影响不能被忽视。中国古代鸿儒大家追求的知行合一已绵延千年，积淀成为中国人的文化心理结构，形成了中国文化的“实践理性”精神。此外，孔子“自省”以修身养德的方式也极具反思色彩，不仅直接影响到中国教育研究者的学术立场和理论定位，而且指导着他们具体的研究决策和行动。因此，在理论与实践的互动之间，实践-反思教育学研究在追求严谨和真实的同时，更加重视实用和适切。

足以见得，实践-反思教育学尝试融会贯通东西方思想资源，从学术研究的角度为当前中国教育改革提供新的思路。中共中央、国务院关于全面深化新时代教师队伍建设改革的工作部署，对教师队伍建设提出了新要求，也呼吁教育研究者提出新的理论视角和方法论支撑。

为此，实践-反思教育学倡导教育界乃至全社会尊重教师在专业发展中的主体地位，重视对教师反思意识和能力的培养，营造开放灵活的教师专业发展环境，促进教师实践性知识的生成和发展。如此，教师在面临各种两难困境和“顽症”时，不仅会反思自己面对问题时的行动策略，而且会触及行动背后的价值观和因果假定，实现由策略改变到价值观改变的“双环学习”。

北京大学教育质性研究团队在不断探索实践-反思教育学理论的同时，对教师教育领域的相关问题展开了大量实征研究，初步形成了相对稳定的理论视角、研究思路和方法路径。本团队聚焦教师专业素养的养成，结合中国教师本土的专业实践和社会文化特性，做出了一批具有原创性的研究成果。本套丛书选编的六本专著正是我们团队的精选成果，其中既有使用质性研究不同取径开展的研究，也有偏向基本理论层面的探讨，还有侧重于实践改进的行动研究。

李莉春博士的研究旨在通过深入教师的日常教育实践现场，探究教师实践性知识的本质，从而对教师实践性知识进行再定义。基于实践认识论，她的研究发现，教师实践性知识是教师在实现个人教育意象的热情驱动下身心合一的知与行，教师实践性知识的本质是一种行动中识知与行动中反思的动态机制。

同样是对实践性知识进行研究，魏戈博士则站在马克思历史唯物主义的哲学立场，从苏俄文化历史心理学派溯流而下，以“文化-历史活动理论”为抓手，整体呈现了教师实践性知识的生成过程。在此基础上，他引申出有关如何理解教师专业成长的新视角、教师在工作现场学习的价值，以及实践活动对于教师专业发展的意义等三个方面的讨论。

虽然近年来教师实践性知识的实征研究成为热点，但是其“知识”地位一直颇具争议。赵康博士从杜威的实用主义知识论出发，在理论层面为教师实践性知识的合理合法性提供了支持。这种知识论认为，知识源自探究，由认知性经验而获得，是关于行动及其导致的结果之间关系的知识。体现在教师身上的，是有关教育教学行动及其带来的结果之间关系的实践性知识，具有引导未来行动的功能。杜威关于知识的工具性观点，还在一定程度上化解了教师的理论性知识与实践性知识孰高孰低之争，因为二者都来自经验，并最终服务于实践，这也使得教师的"知性主动性"显得尤为重要。

杨帆博士采用话语分析的方法，考察了教师学习和理解一种"变革性课堂教学实践"的过程，最终提炼出了教师学习的三个主题：表征、协商和规训。在丰富的研究结果基础之上，他面向学校提出三点实用性建议：校本教研应注重引进外部和理论话语以改造本土话语；学校共同体的建设不应强制追求"共识"；课例研究需要关注"核心实践"和特定主题。

朱光明博士则从现象学的理论视角出发，对教育情境中的表扬与批评进行了研究。他从具体的教育情境出发，通过多种途径收集资料，对孩子们日常交往中的表扬、批评现象（体验）进行了详细的描述和深入的分析，揭示了表扬、批评对孩子们生存和成长的意义。在此基础之上，他还对表扬、批评现象进行了深入的教育反思。

徐月博士在城乡社会变革和农村中小学布局调整大背景下，观察到中国中西部城镇学校的大班额比重持续上升，大班额现象与办好公平而有质量的教育构成教育事业发展中的一对矛盾。因此，她研究了在大班额教学情境下，教师为达成预期目标所采取的行动及其行动背后的推理。她发现，教师们有意识地承担起在大班额困境下仍旧要促进学生发展的教育责任，这些变化体现出教师深刻的本土实践创造性。

这六本专著虽然涉及不同的研究方法及路径，但是在研究的出发点和价值立场上是一致的，遵循的都是实践-反思教育学范式的基本要求。这些文本都表达了如下基本观点：教师不只是需要不断发展的专业人员，更是能动的反思者、反思的实践者；教育学知识不仅仅是冷静的抽象理论，更是有温度的专业智慧；教育实践不仅仅是理论指导下的行动，更是教师反思性知识的有机组成部分。与此同时，这些研究反映出教育研究者应担负的双重任务：一是对教育现象提供扎实、准确的描述，对教育实践的本质、过程、结构、条件等基本问题做出有力度、有新意的解释；二是对教育实践应当如何做，特别是针对目前的重重困境如何突围，提出适切的价值判断和操作方法。六位青年学者对实践-反思教育学范式孜孜不倦的探索，让我们感受到他们对教育学的热情、审美和个人寄托，也让教育学不断回归“人学”。

当然，我们还有必要讨论实践-反思教育学在未来可能面临的挑战。

实践-反思教育学所带来的实践认识论，不是要从沉思的形而上传统走向另一个极端，它并不主张行动高于或优于知识、实践内在地优越于思想。因此，我们所提出的实践优先性，只是实践转向的初始原则，而非最终结论。实践转向的真正挑战在于，在肯定了行动/实践的基础地位之后，如何理解知识与行动、理论与实践之间的关系。

我们还应该反思人工智能时代对传统学徒制下教育学的冲击。虽然有研究指出，在当前人工智能、大数据、虚拟现实风行的时代，以教师、社工、法律顾问、艺术家等为代表的专业工作者最不可能被机器人所取代，因为他们的实践性知识构成了立身的专业资本；然而，在信息化技术大量介入教育工作者实践的同时，如何在制度上为他们保留一片自主发展的空间，或许是我们在新世纪探讨实践-反思教育学的紧迫性所在。

陈向明
北京大学教育学院

目录

第一章 导论

一、缘起：我的求学故事

人啊，认识你自己。

——古希腊箴言

博士论文对每个研究者的重要性是不言而喻的。它一般会形成研究者的研究方向或旨趣，或许也会成为研究者学术创新、创造的重要成果。因此博士论文的选题都备受关注。我相信，每篇博士论文的选题及撰写背后都会有一段（　　）的经历。这里的“（　　）”并没有一个标准答案，如果让博士研究生来填写，答案肯定是各式各样的，依个人的情况和心境而定，但绝不会是“轻松”或“愉快”。我想，这里仅用单个形容词很难表达出研究者内心的真正想法。我选择留白，由下面的个人叙述来填补。

像我这样上个世纪 70 年代左右成长起来的人，从小受到的学校教育比较单纯。“学好数理化，走遍天下都不怕！”是那个时代的标语。那个时代，我们最崇拜的人是科学家。长大以后当科学家是我们的理想，而科学研究也一直是我的向往。然而，中考后我懵懵懂懂地就上了师范学校，毕业后被分配在一所乡村小学任教，后又辗转到其他小学、中学任教。因此，我一直与科学研究无缘，终究也没有成为科学家，没能获得从事研究的机会。科学研究离我的生活世界很远。童年的梦想也一直被搁置在记忆的角落里。

因一直怀有上大学的梦想，于是，我准备报考研究生。在当时的环境下，这样的想法被周围的同事看作异类，我偶尔会听到同事在背后议论。当时最大的困难还是选择专业方向。因为我没有经历过大学，没有专业基础。在经历过多种尝试选择之后，考虑到自己长期从事教育教学工作，具有一定的经验优势，所以我最终还是选择了教育学方向。

读研究生，尤其是读博，改变了我原有的生活轨迹，也改变了我思考生活的方式。专业旨趣将我的注意力集中到对教育问题和教育现象的思考上。儿时那种对科学研究的神往依然存在，但我对研究的理解有了更为宽阔的视野。北京大学的人文环境和各种讲座也开阔了我的眼界。与自然科学研究一样，人文科学研究也有其魅力，正所谓“世事洞明皆学问，人情练达即文章”。人文科学研究不仅让我更好地认识自己、理解他人、审视社会，而且让我学会了反思，从而对教育实践有了更深入的领会。

研究生生活让我有机会走近学术圈。这是一个专业分化非常细致，学者相互之间虽有交流，但多为各说各话的圈子，用英国学者托尼·比彻（Tony Becher）的概念来讲就是“学术部落”。在阅读文献的过程中，我发现很多教育理论与教育实践是分离的。学者们的研究与教育实践似乎没有多大的关系，他们很少真正关注教育实践。作为一名教师和研究者，我总觉得教育研究不应该过分远离实际生活。倘若教育研究或理论是这样的话，即使这些研究能够增加教育学方面的知识，这样的知识到底是属于谁的知识呢？这样的知识到底是力量呢，还是权力象征或话语控制呢？有多少人能够从这样的知识中获益？也许在质疑的同时，我自己也不得不使用一些晦涩的概念，运用一些难以把握的语言，制造一些只能（甚至难以）自圆其说的理论，呈现一些貌似完整的文本（也包括这本书里的文字、文本，同样难以回避这样的困境）。记得在读博士之前，作为报考条件之一，需要提交一份研究计划。我提交了一个非常“宏大”的研究计划。但我是非常心虚的。因为对研究的真实意义以及如何保证研究实施等问题，我都不清楚。其实，这样的研究既非源于自己的内在兴趣，亦非出于实践的需要（我没有做过前期的调查），只是“为了设计而设计”。

在博士阶段的学习过程中，随着听课、读书、研讨、思考以及导师不断地追问——“你的研究计划是什么”“你到底打算研究什么”，我逐渐在一定程度上“认识了自己”，也开始厘清自己的研究旨趣：把自己的研究定位于理解，理解教师、理解学生、理解与教育实践相关的现象。之所以有这样的定位，一方面是受到导师所专注的质性范式旨趣的影响，另一方面是受到现象学教育学，尤其是加拿大学者马克斯·范梅南（Max van Manen）的现象学教育学的人文科学精神的影响。由此，我的研究逐渐从抽象的理论兴趣回到了对教育实际生活的关注和思考上。再加上我曾经的教育教学经历，使得我将更多的目光聚焦到一线教师及教育实践上，并希望自己的研究能够真正帮助一线教师理解教育教学，在理解的基础上提升教育实践品质。北大宽松的学术氛围和丰富的学术资源为我提供了这样的机会。

于是，我的研究开始逐渐聚焦，即把选题与已有的知识、经验结合起来，以便自己能够更好地把握研究。做研究同时也是一个学习的过程。我更希望能够把研究和个人的持续发展，即把论文写作和进一步深入学习结合起来，希望通过研究促进学习，并通过学习来深化研究。这样，结合自己过去的从教经历和对质性研究方法及现象学的兴趣，我逐步将自己的研究旨趣定位于揭示日常教育生活中的教育现象，希望通过现象学的方式，对普通的教育现象进行探究，从而加深或帮助人们加深对教育的理解。

实际上，教育实践中很多教育现象都值得研究者和教育者深入思考，如座位现象、考试现象、儿童的秘密、差生现象、表扬现象、批评现象、学生阅读困难现象等等。这些都是我们习以为常的现象，然而如果我们深入思考，就会有新的发现。对这些现象的揭示有利于加强我们对教育、教学以及教师（家长）、学生的理解。

我最初的尝试是对学生座位体验进行研究①。尝试性的研究使我积累了一些搜集资料和分析资料以及写作案例等方面的经验。随后，我又开始关注其他教育现象，其中一个就是“表扬”现象。表扬不仅是教育生活中最普遍的现象之一，而且也是颇有争议的现象，人们对于表扬是“仁者见仁，智者见智”，但其中往往是“意见”多于“真理”。我们在书店、图书馆也可以看到很多有关表扬的文章、著述，但多属于“励志”或“技术指导”之类。我们不能否认这些“指导”的意义，但是如果不是建立在理解的基础上，当教育者面对特定的孩子时，往往并不能“仿效”这些方法，而且即使教育者“仿效”这些方法，学生也未必会有相应的体验。

现象学研究能够帮助我们理解孩子们的生活世界。胡塞尔称现象学为“工作哲学”，就是要求学者们实际去“做”，也就是实际地去分析现象。他提醒学生，现象学要的是“小零钱”，不是“大钞票”。现象学的这种工作精神提醒我，研究需要静下心来，通过现象学实际“做”的方式，努力深入揭示该现象的意义或本质。正如梅洛-庞蒂（Maurice Merleau-Ponty）所说，“现象学只能被一种现象学方法理解”

① 该研究论文为《座位的潜课程意义——中小学生座位体验研究》，刊载于《教育学报》2007年第6期。

（梅洛-庞蒂，2001：2）。

在分析和思考表扬的时候，我的思维不断地转向批评。也就是说，在我思考表扬的时候，很容易会想到批评。在我阅读别人有关表扬的文章时，也会产生同样的想法，心里总是提出这样一个问题：既然作者这样理解表扬，那么他/她又是如何看待批评的呢？

意识到这样的冲突也许是现象本身内在联系使然。就像说到矛就会想起盾一样，提起表扬就必然涉及批评。所以，不应该把表扬与批评分开，必须要将它们放在一起思考，共同进行研究。

二、问题的厘清——兼文献述评

在做研究的过程中，关心的人常常会询问：你的博士论文做的什么研究？

回答这样的问题时，我内心的感受常常很复杂。因为面对不同的人，会有不同的体验。毕竟研究才开始，或者说还没有终结，最后结果是什么样子，都是未知数。但是我希望每次面对提问都能够做出适当而体面的回答，希望被理解的同时也能够获得相应的支持。如果我说是"有关现象学的研究"，一般很少有人再问下去。或许他们对现象学不够了解，或许是认为现象学过于抽象、晦涩，因此，难以继续谈论下去。如果我说是有关现象学教育学的研究，也有些人会露出一丝诧异的神情：还有这样一门学问？很多人对这样的名称和研究方法还比较陌生。当我说是关于"表扬与批评"现象的研究时，有人说这个选题很好，也有人表示怀疑。我猜测，他们之所以怀疑，除了因为对我——"北大博士"的高期待之外，可能主要还是对研究题目本身有怀疑：表扬与批评有什么值得研究的？

然而，我非常清楚自己所做的是一项全新的研究。为了遵循学术规范和学术传统要求，为了避免和前辈"撞车"，避免重复研究，也为了证明自己的研究不是有意“增加实体”[①]，我对相关文献进行了一定程度的检索和查阅。在文献检索的基础上，我对本研究的视角进行了简单的说明，并提出了我的研究问题。

（一）已有的研究

文献检索的基本路径是从国内到国外，从网络资源到图书专著，从对表扬、批评的研究到与表扬、批评相关的研究。

从查阅到的文献来看，对表扬、批评进行研究的著述确有不少。例如，国内文献[②]中有很多以表扬或批评、惩罚、教师课堂话语等为题的研究（陈成辉，2003；吴娴兰，2002；陶玉虹，2006；等），也有以“表扬与批评”为题的研究（翟秀军，2005）。国外文献[③]中，有关表扬与批评的文章有十几篇，这些研究多属于心理学研究（Gulanick，Schmeck，1977；等），也有教人如何表扬与批评的（Faber et al.，1995；等），还有从批判、话语分析视角出发的研究（Hyland F，Hyland K，2001；Tauber，1990；Brown，Payne，Lankewich，et al.，1970；等）。在国外文献中，有一篇从现象学心理学角度对批评做研究的文章（Zaragoza，2005），但该研究主要是分析并提出对“侵犯行为”进行责备（blame）时需要考虑行为的复杂性，且该研究的对象为社会犯罪现象。

---

① 12世纪，英国奥卡姆的威廉对无休无止的关于“共相”“本质”之类的争吵感到厌倦，主张唯名论，他认为人的理智所能把握的概念并不是真正的存在，世界上唯一真实存在的是个体，而概念是人类理智对于个别事物之间相似性的一种把握。他主张，“如无必要，勿增实体”。这就是人们常说的“奥卡姆剃刀”。后世许多科学家接受或者（独立地）提出了奥卡姆剃刀原理，例如牛顿提出的一个原则：如果某一原因既真又足以解释自然事物的特性，则我们不应当接受比这更多的原因。对于科学家，这一原理最常见的形式是：你有两个处于竞争地位的理论都能得出同样的结论，那么简单的那个更好。

② 国内研究文献是通过万方数据库、中国知网（CNKI）的中国博士学位论文全文数据库、中国优秀博硕士学位论文全文数据库、中国期刊网等搜索到的。

③ 为查找国外文献，我搜索了ProQuest Digital Dissertations（博硕士论文数据库）、CASHL（中国高校人文社会科学文献中心）、ERIC（教育资源信息中心），还有加拿大学者范梅南创办的现象学在线网站（http：//www.phenomenologyonline.com），而且还检索了由他主编的《现象学+教育学》（*Phenomenology+Pedagogy*）杂志等。

在对现有图书的检索中，我发现多数有关表扬与批评的书籍属于励志类，或属于教人如何表扬、批评的“技艺类”图书。这类书籍数不胜数，书店的教育类、家庭教育类图书展台摆满了这样的书籍。这些著述中包括很多教育成功家庭、优秀教师或者教育专家的个人教育经验总结、介绍或告诫等。例如《告诉孩子你真棒!》（卢勤，2013）、《觉醒——赏识教育讲学精华读本》（周弘，2004）、《真情互动：如何运用正面鼓励的方式使人表现出优秀品质》（丹尼尔斯，2002）等。在以“批评”或“奖惩”为名的有关书籍中，较早的有《批评的艺术》（韦辛格，1989），该书主要是教导人们如何把握批评的艺术；较近的则有《奖励的惩罚》（艾恩，2006），该书主要是对行为主义奖励形式的批判。作者所针对的主要是奖励所带来的不利影响，然而作者在批评奖励的同时没有注意奖励也有其合理性的一面。我认为，学术研究更多的应该是揭示“是什么”，而不仅仅是“应该如何”的问题。

相关的还有以“赏识教育”为主题的研究。例如有对“赏识教育”概念进行说明辨析，并运用各种理论，主要是运用心理学理论对“赏识教育”的合理性进行说明的研究（崔学鸿，2003）。也有从理论上对赏识教育进行辩证探讨的（牛海彬，2006）。此外，还有关于“愉快教育”“快乐教育”的研究，例如《为了儿童的幸福与发展》（熊华生，2006），该研究是从生命化教育、生活教育的角度倡导一种教育理念，属于理论探究。

另外，我还注意到，在第一届现象学教育学国际学术研讨会上（首都师范大学，2006 年 10 月），加拿大现象学者马克斯·范梅南分享了他对“recognition”（认可或承认）进行的研究，可惜他没有提供书面材料。但从他的口头陈述来看，他的研究和我的研究旨趣具有相似之处。它们的联系可能在于，表扬、批评当中有认可的成分，而且认可当中也会包含表扬的现象，或有可能涉及批评。它们的区别可能在于，表扬、批评更具教育中的代际关系意义，因而教育成分更多，教育关系中的表扬、批评往往会体现教育者的关心和期望。而认可可能更偏向于从个人角度出发的自我体验，这也是表扬、批评研究中关注的维度，能够成为本研究的主题之一。希望我的研究与马克斯·范梅南的研究有相同的方面，也有更多不同的方面，这样可以形成一种对话或者互补。

此外，金生鈜教授也有关于"承认"的研究。该研究是从社会文化视角对"教育承认"进行了论述，提出"教育承认"包括了爱与关怀、权利的尊重、社会重视以及完整发展的内涵（金生鈜，2007）。

（二）已有研究的特点

我通过文献检索发现，以表扬、批评为题的研究很多，其中很大一部分是相近或者相关话题的研究，例如有关惩罚、奖励、赏识等题目的研究。这说明表扬、批评已经被很多学者所关注，并作为专题研究。就检索到的文献来说，已有的关于（或涉及）表扬与批评的研究，总体上可以分为两类：一类是理论研究或思辨研究，例如对惩罚进行理论上或者哲学上的探讨；另一类是实证研究或科学研究，这类研究多属于心理学研究或者语言分析、课堂分析，如有人通过问卷调查的方法对表扬与批评的类型和频次及其影响所做的统计研究。在检索中，我没有发现从现象学的视角或者用质性研究方法对表扬、批评进行的研究。

从学科类别来说，已有的研究基本上可以归为三类：一类是心理学研究；一类是语言学研究或者话语分析研究；还有一类是教育学或教育社会学的研究。

（三）已有研究的不足

总体来看，目前有关表扬与批评的研究，还有很多方面需要进一步探究：

（1）从研究视角或领域来说，没有关注学生（孩子），尤其是他们的体验领域。已有的研究多从教育者或旁观者的视角出发，几乎没有关注学生（孩子）的生活世界，没有从学生（孩子）的角度去理解表扬与批评。

（2）在研究内容上，多偏重“技术”“方法”。当前很多有关表扬与批评的著述、文章都倾向于教人们如何表扬、如何批评的技术或方法，或告诫人们应该怎么做、不应该怎么做，等等。作者们希望教会人们一些普遍性的原则，或者是把个别成功的例子当作普遍性的规律去推广。这些原则往往忽视了实践的情境性、即时性及关系性等特征。

（3）在研究方法方面，主要依赖于传统的科学方法，如实验法、测量法、统计法等。这些研究能够增加有关表扬、批评的量化知识或统计学知识，但是由于其结论主要依赖统计计算和逻辑推演，缺乏直观的洞察，其成果或结论离生活也较远，所以这些研究很难真正转化成教育实践。

（4）在研究立场方面，有些研究诉诸批判。这类研究主要是针对学校教育中的批评、惩罚，也有对奖励和表扬进行批判的，或者涉及对种族偏见或性别偏见的批判。这些批判取向的研究能够起到警示的作用，但并不能让人们真正理解表扬与批评是什么样子的。有时候没有理解的基础或者缺乏情境基础的批判反而让读者无所适从。

总之，对于表扬与批评的研究，若仅仅关注教育者而忽视孩子的体验，就不能很好地理解孩子。没有真正的理解，而仅仅从技术或方法上教人们如何表扬、批评，并不能起到很好的实践效果，或者说效果不能持久。实证科学取向的研究虽然能够拓宽我们的认知，但如果研究过于依赖逻辑推理和数学演算，缺乏丰富的情境和生活直观以及对生活的整体理解，人们就很少能够从中获得真正的启发，因此难以产生实践效果。有些批判研究虽然具有警示意义，但批判往往缺乏建设性的作用。

（四）反思与声明

学术界经常出现一些“缺席审判”或文人相轻、相互指责的现象。希望我在这里不要犯同样的毛病。休谟（David Hume）说过，“凡自命在哲学和科学方面给世人发现任何新事物的人们，总喜欢贬抑前人所提出的体系，借以间接夸耀自己的体系，这对他们来说是最通常和最自然的事情”（休谟，1980：1）。范梅南也指出，“无论我们碰巧翻开哪一本教育书籍或杂志都会注意到每一种教学或教育的新方法总是以对某种过分的不加批评的教育态度进行抨击的形式出现的。这本身是可以理解的。我们总是想通过排斥我们周围人的不理智行为来提出我们自己的合理观点，……试图暴露他人不合理性的批判性推理其实是对一种权力的争夺”（范梅南，2001：282-283）。前人的这些提醒促使我反思自己：我在评论已有研究时，是否厚此薄彼或者也有替自己争夺话语权的意思？在此，我先要对自己的立场做一个声明，即我的研究不是为了争夺话语权，也非标新立异，而是出于自己的研究旨趣。

施通普夫（Karl Stumpf）说过，谁不曾在实事领域中付出过劳作，谁就会首先提出这个实事领域的批判标准的问题。批判标准问题是一个永恒的“他人”的问题（舍勒，2000b：177）。从内在标准看，对于上面提到的大多数研究，我没有评判的资格。因为我并没有和研究者（作者）一起去思考，当然也没有时间和精力（甚至能力）像他们那样深入思考。作为一个“他人”，我只能从自己的研究立场评论已有的研究和著述。我相信，每一个研究者都有自己的研究旨趣。这就像人们对水的态度一样，不同的人对水有着不同的兴趣。有人对各种形态的水的结构和功能感兴趣，也有人对水的分子结构及与其他化合物的结合方式感兴趣，还有人对水的兴趣在于山水景致，或对水的体验。"H_2O 作为水的描述不会减少或否认游泳或钓鱼的乐趣"，范登伯格（Johan H. van den Berg）正是在此意义上说"H_2O 是对水的背叛"（Barritt，Beekman，Bleeker，et al.，1983：16）。

研究是有个人旨趣的。在此，我必须澄清我的立场。我认为，用自然科学的方法研究教育中的表扬与批评现象是对教育学在范登伯格意义上的背叛。因此，我的研究兴趣不在于从测量统计中获悉多少比例的人喜欢表扬，多少比例的人不喜欢批评。我也无意于研究性别、年龄等因素对表扬、批评的反应的影响有多大差异（有差异是肯定的，因为不同个体的经历和境界不同）。我也不研究表扬、批评的刺激反应或动力机制等心理要素。而且对于表扬与批评现象，我也尽可能避免说"该不该表扬"或者"该不该批评"，因为教育所面对的每一个个体、每一个情境都不一样，所以我也无法告诉读者如何表扬或者如何批评。教育是在具体的情境中发生的现象，具有很强的关系性和实践性特征。表扬与批评的体验都是个体的，它需要教育者在每一个情境中、在面对每一个孩子时做出自己的选择。而如何表扬、如何批评更是教育者教育智慧的表现。

（五）提出问题

我的研究问题是，我们在谈论表扬与批评的时候，是否已经理解了表扬与批评是什么？要理解表扬与批评"是什么"，就要从它们"所是"（to be）的地方，即孩子们的体验开始。因此，我们需要知道：孩子们是如何体验表扬与批评的？表扬与批评对他们自我发展和成长的意义是什么？表扬与批评的教育学意义是什么？表扬、批评和教育是什么关系？同时研究还要厘清现象学教育学的意义、现象学教育学的理论基础，以及如何做现象学教育学的研究这些问题。

三、概念与情境

接近开端，总是意味着在回归过去之途中保持不同的、开放的可能性。谁完全位于开端，谁就必须选择其道路，并且也有可能走不同的路。

——伽达默尔（Hans Georg Gadamer）《毁灭与解构》

对于表扬、批评这样的日常现象，人人皆可以发表一些看法，却很难说真正理解其意义。与升学、就业、职称、住房等事情比较起来，生活中的表扬、批评现象并不显眼。[①] 但在孩子们的眼里，表扬与批评却不是小事情。要理解表扬与批评对孩子们的意义，我们首先要理解他们是如何体验表扬与批评的，也就是说，我们要从孩子们的体验出发，而不是从表扬与批评的概念或定义出发。

西方自苏格拉底就形成了下定义的传统，而我们的学术研究也一直循着西方的传统，似乎这样就能够保证研究和论述的统一性。然而，对概念进行界定往往是对现象丰富性的压缩、抽象，它在方便表述或保持一致的同时，却将情境的丰富性和多样性排除在研究之外，从而使得研究离真正的理解越来越远。现象学研究反对这种对事物或现象简化的做法，认为体验是复杂多样的，现象的意义是多维度、多层次的。为了能够更加深入地理解某一现象，我们需要将其还原到日常情境中去。

---

① 和成人当前的事情（例如家庭、爱情、学业、事业、就业、奖金、职称、汽车、房子等）比较起来，孩子们的表扬、批评体验往往被认为是一些“鸡毛蒜皮的小事情”。然而，当人们真正去观察、去了解儿童的时候，或者说，倘若我们能够充分地回忆起自己的真实体验，我们就会发现，事实恰恰相反。那些成人看重的东西并不能进入孩子们的视野。成人的这些追求、担忧，在孩子们那里都只是“身外之物”。而那些表扬、批评才是他们真实生活的组成部分，是他们成长的真正意义所在。实际上，正是表扬、批评这些“小事”构成了孩子们的成长的一部分，构成了他们与成人之间的教育生活的大部分。

（一）概念还是情境？

理解表扬、批评是要问“是什么”的问题。“表扬”是什么？“批评”是什么？回答这两个问题不能简单地从概念界定出发，而是要从生活世界的情境中去理解。下面我们以“表扬”为例，谈谈概念界定与情境的不同。《现代汉语词典》里把“表扬”定义为“对好人好事公开赞美”（中国社会科学院语言研究所词典编辑室，2016：87）。但如果我们回到实际的教育情境就会发现，“表扬”现象比概念界定要复杂、丰富得多。例如：

故事一

作文本发下来了，小敏迫不及待地翻到最后。她要看老师给自己的评语。但她却半掩着打开，想用封面挡着老师给自己的评语，不让旁边的同学看到。每次老师都会给她很高的评价，她不想让同桌看到老师对她的溢美之词。这是她和语文老师之间的秘密。

故事二

杨丽很晚才收到了老师一封迟到的表扬信——来自老师的电子邮件。老师在邮件中表扬她今天在公开课上的表现，但抱歉当时把她给忽视了。她抑制不住内心的激动，想让爸爸、妈妈也来看她的邮件，但她还是打消了这个念头，只是把邮件转发给了好朋友小华。

上面这两个例子中，孩子们都体验到了某种程度的表扬，但这表扬却不是“公开的”。我们从日常用语中也可以看到概念界定的局限性，例如，“私下里表扬”和“公开表扬”这样的表达方式本身就显示出，表扬是有“私下”和“公开”之别的，否则“公开表扬”这样的表述方式就是不正确的，而“私下里表扬”这样的表达方式就有矛盾。语言的意义最终取决于它们的使用。如果仅仅根据概念界定来解释，往往只能把握一些基本特征，不能把握其丰富的意蕴。

具体的生活情境比概念要丰富得多。生活往往更为复杂，我们无法用概念规定生活。因此，为了深入理解表扬、批评现象，本研究将把“表扬”和“批评”放到更广泛的情境中去考察，而不仅限于已有的概念界定，也不仅限于一种观察行为或者言语行为。现象学反对将经验的一个“概念”作为基础来探究该经验，而是要求在现象学上证明“感觉的”“感性的”概念（舍勒，2000b：179）。生活的意义在于它不仅包括“表扬”和“批评”的前概念体验，而且还有文化、背景、时间以及关系等情境因素。在情境中，我们会看到更多，例如孩子们如何体验和老师的关系以及孩子们之间的关系，孩子们体验的变化过程，他们从中看到了什么样的自己，等等。这些才是我们理解孩子们、理解表扬与批评的基础。

研究是为了增进、丰富我们的理解，而不是为了限制我们的理解。研究不一定要事先规定好一个详细的边界，“一个并没有特定界限的领域仍然是一个领域”（范梅南，2003：再版前言6）。

（二）表扬与批评

现象或生活体验本身的丰富性是无法用概念去规定的。为了更好地理解现象，我们最好是去描述、分析它，在理解丰富性的基础上把握其本质。就体验本身来说，我们也很难把表扬与批评严格地区别开来。回到日常生活体验，我们会发现，孩子们的表扬与批评体验经常纠缠在一起，无法分开。两种体验交织在一起，共同构成了他们的学习和成长过程。例如下面的情境：

“放学后到我办公室来一下。”

抬头一看，班主任正站在我面前，我本能地点了点头，“好，”心下暗叹，“完了，终于到我了。”

期中考试刚刚结束，班主任最近正一批一批地找人谈话。他的办公室是一个小单间，而最近更是被传为“小黑屋”：一是因为屋里没窗户，二是因为从里面走出来的学生都垂头丧气的，一看就是被狠批过。

“唉，终于到我了。”

放学后，我怀着忐忑的心情推开了他办公室的门。班主任正坐在那里，笑着对我说：“你来了。”我勉强一笑，说了声“老师好”，就找了个地方坐下来，同时默默地打量了一下这个房间，一阵寒意涌上心头：房间里除了一张褐色的桌子，就是黑色的椅子，头上吊着一盏灯，撒下昏暗的光，有点儿电视剧里监狱审讯的气氛。房间里唯一有生气的，应该就是老师那张在我看来有些恐怖，但又带着微笑的黑脸了！此刻我清晰地听见自己的心脏正不安地飞速跳动着。

“怎么样？最近各方面感觉都还好吗？”老师的声音像是从另一个世界传来的，萦绕在我耳边。

“还好。”我不敢正视他的眼睛，只得低下头来。

“不错，看来你很快地适应了初中生活，这次考试考得不错嘛！”

“哦……啊？”我一听，心下一惊，一下坐直了身体。

“是呀，你看。”说着，他从桌上拿起一张纸递给了我。

我一看，上面赫然有我的名字和班级排名，还挺靠前的呢！我心中的忐忑霎时间转变为喜悦。接着，老师又表扬了我几句，听得我心里跟吃了蜜似的，那叫一个甜！上中学后第一次跟老师谈话就被表扬，换谁谁都美呀！

正当我沉浸在喜悦中时，老师的一句“但是”使我的心又“咯噔”沉了一下。

“我们也该及时发现不足，以取得更好的成绩。”

我长吁了一口气。接着，老师又跟我分析我的成绩。我认真地听了，暗下决心：下次一定要考好。

临出门前，老师让我叫下一个同学来，也是一个成绩不错的同学。看来，之前叫的那批是成绩不好的同学。

“老师再见!”我笑着出了门。

回到班里，我对那个正一脸诧异地看着我的同学说：“到你了。”

在这样的情境里孩子们到底是被表扬还是被批评？说是“表扬”，但我们依然看到孩子有被“批评”的体验；说是“批评”，但我们也感受到孩子的激动和兴奋。生活经常是这样的，表扬、批评在很多时候是无法预期的，它们有时会同时被体验到。我们可以在表扬当中发现批评的体验，也能够在批评当中发现表扬的体验。这不仅体现在孩子们的体验世界里，在教育者的行为、意识中也是如此。即使教育者在表扬或批评孩子之前早有准备，当他们面对孩子们的时候，也会因为具体情况而发生变化，或者在与孩子们的观察互动中适时进行调整。因为教育是现场的，教育者的行为要随时根据具体的情境和关系以及孩子的表现进行调整。

记得我刚入高中时所写的一篇作文是关于秋的。我虽然中考语文考得并不是很好，但毕竟一向的语文功底不差，作文还是得到了老师的赞赏。老师把作文打印出来贴在班级的墙上。那时我很开心，或许是因为这对我来说是一份光荣吧。

后来有一次，老师让我们写演讲稿，去参加全校的演讲比赛。他让我到他的办公室谈了一些关于演讲的事。他夸我作文写得不错，是个可塑之材。当时我的心里就像是吃了蜜糖一样，真的很开心。

随后他问我中考成绩，这一问触动了我的软处。虽然我的中考语文成绩也不差，却远不至于骄傲地说出，毕竟它和我的预期差得很远。我只是低着头小声说了句：“不怎么好。”然后便是一阵沉默。那几秒的沉默使我万分羞愧和懊恼，要是考试时细心点多好啊！……那样的话，现在就可以骄傲地告诉所有人，我的语文还是可以的……

老师抬起头说："这次考题并不难，怎么会没考好呢？"

"粗心！"

"粗心是一个很普遍却又很严重的问题。正是粗心才会导致飞船的失事，所以必须加以重视啊！这个毛病一定要改，不然以后会吃很多亏的。"

我点了点头。

当我们聚焦于表扬、批评现象的时候，会发现表扬与批评现象是复杂的，不能简单地分为表扬或者批评，而且它们也不是对立的。例如，上面的这些情境，如果简单地把它们归于表扬或者批评都是不合适的。面对这样的情境，如果简单地把它们界定为"表扬"或者"批评"，或者把它们简单而无差别地当作"表扬"或者"批评"进行统计处理，就会失去很多意义。

表扬与批评在实践中难以区分不仅体现在孩子们的体验中，也表现在教育者的教育意识里。教育者会随机应变地把本来的批评变成表扬，而把本来的表扬变成对孩子的批评，甚至保持一种中立的观察态度，或者"看情况再说"，把表扬或者批评延迟。例如，孩子在玩家长的单反相机的时候，把相机弄坏了。家长很生气，想要严厉地批评他，但是理性却告诉家长，引导孩子探究事物的好奇心比相机重要，于是，本来的批评却变成了表扬和鼓励。

只有更全面地把握了表扬与批评现象，教育者才能够更好地和孩子们交往，才能使得表扬、批评体验更好地在他们的成长中发挥积极的作用；教育者也只有理解了表扬、批评的教育本质，才能够更好地反思自己的行为和意识，并对之做出合适的选择和调整。

此外，如果不处理好表扬与批评的关系，研究也可能会引起读者的困惑。例如，如果仅仅呈现一种现象，如表扬现象，那么读者往往会继续追问研究者是如何理解批评的，反之亦然。如果只研究其中一个，势必会造成一种缺憾或者给读者留下疑问。而作为研究者，倘若仅仅探究其中之一，也可能会出现某种偏向，从而不能更加全面地把握表扬或批评的任何一方。所以，本研究把它们放在一种关系中去研究，这样不仅可以呈现一个相对全面的文本，而且可以从中看到其差异，可以在揭示表扬与批评现象差异的同时，也发现它们的关系或联系。

四、研究目的与意义

选择什么样的研究题目总是与研究者的视角联系在一起，或者说，选择什么样的题目总是受制于研究者的前理解。我的研究主要是受现象学的态度和方法影响，希望从现象的视角研究教育生活的意义，希望我的研究文本能够加深人们对表扬、批评现象以及孩子们的理解，希望我的研究能够对教育工作者的实践产生积极的影响，同时也希望通过研究提升自己的教育意识，提高与孩子们相处的能力。

（一）研究的目的

1. 理解的目的

“理解的目的”也可以表述为“知识的目的”。弗罗姆（Erich Fromm）认为，爱的实践需要爱的知识，而爱的知识同样能够促进爱的实践（弗罗姆，1986）。教育比爱更需要有关的知识，因为教育所面临的关系和内容更为复杂。表扬与批评是成人与孩子们相处过程中最常见的教育实践现象，因此，更需要我们很好地理解它们，从而提升我们教育实践的品质。

本研究所揭示的有关表扬与批评的知识不同于以往研究所揭示的知识。这里的知识是对现象本身的把握，是将表扬与批评还原到我们的存在体验中去理解。因此，这里并不是抽象出关于表扬与批评的知识，而是从具体的情境中提取了现象可能存在的意义，在描述当中把握表扬与批评的本质特征，并通过具体情境丰富、充实其意义。

因此，这里有关表扬与批评的知识更多的是对孩子们的理解，而这也正是本研究的主要目的，即通过主题的方式，在具体的教育情境中，“还原”表扬与批评现象的“本质”，让读者在情境中体会表扬与批评的意义，加深对孩子们和自身的理解。

2. 实践的目的

实践的目的虽然被放在第二位来论述，却是本研究的着眼点。实践是表扬与批评的特征，也是教育学的特征。而现象学教育学研究就是聚焦于实践智慧的提升。现象学教育学定位于教育现象的揭示，是对当下现实情境中孩子们和教育者生活世界的揭示，因此，对它的研究和实践是不分离的。

其实，理解就是为了更好地实践。或者说，理解本身就是一种实践意识，我们的任何实践都体现了我们的理解，是理解在身体和行动上的反映。因此，可以说，理解就是实践。在实际的教育过程中或人际交往过程中，实践能力或实践智慧才是人们对教育者最主要的期待。

希望本研究能够为教育者提供一个理解孩子们的文本，让教育者通过这样的文本走进教育生活，走进孩子们的体验世界，理解孩子、理解教育、理解教育者的责任和使命，从而提升自己的实践意识和践行能力。

3. 个人的目的

研究中的个人目的并不是不存在，而是经常被忽视了。我之所以选择研究表扬与批评现象，与本人关心的问题有着密切的关系。做家长和当老师的经历，促使我经常思考如何才能更好地与孩子们相处。在和孩子们交往的过程中，我经常感到困惑：该如何表扬或批评孩子们？该如何把握好表扬和批评的分寸？他们是如何体验表扬与批评的？

书店里有很多像教育指导手册一样的育儿、家教方面的书，都不遗余力地要求家长和老师赏识、鼓励、赞扬自己的孩子。虽然有了这些指导手册，但是在具体的情境中遇到具体的问题时，我对表扬与批评还是比较茫然。作为教育者，我对此却又不能不思考。如今有了专门研究的机会，我希望能够把研究和自己的经验及困惑结合起来，通过对表扬与批评现象的研究来更好地理解教育。

现象学研究本身就是一种深度的思考。关注现象让我们开始关注自己的意识生活，开始关注孩子的体验世界，开始学会“认识我们自己”。希望通过研究能够更好地培养我个人的反思意识和洞察力，从而能够更好地从事教育工作。

（二）研究的意义

除了上述三个方面的目的之外，本研究还希望能够在研究方法、表现形式以及学科建设方面具有一定的意义。

从研究方法来说，本研究不是从定义、概念或任何理论开始，而是以“回到实事本身”的态度和方式，从现象（体验）入手，在大量观察、描述（学生体验）的基础上分析表扬与批评现象的意义，以主题化的方式，通过一定的结构展示表扬与批评的本质特征，并通过具体实例充实、丰富现象的意义。这不同于传统的实证研究，也不同于思辨研究，属于一种“自下而上”的经验实证研究方法。这样的研究不受已有理论和方法的约束，有利于解放思想，从而为新的发现提供了可能。另外，本研究在收集资料、分析资料以及文本写作方面都提出了一些创造性的操作方法，希望读者在阅读本研究过程中能够获得一些研究方法上的启示。

从表现形式上来说，本研究力求语言文字的通俗，尽可能地使用日常语言表达研究发现。研究遵循“奥卡姆剃刀”的原则，尽可能少使用新概念，发挥日常语言的表达功能。在文本的写作过程中，我尽可能合理地组织安排文章结构，让文本既有表现力又有感召力。例如，文中把一些比较烦琐或影响阅读的论证和解释说明文字安排在注释当中，希望能够给读者阅读带来方便。读者可以根据自己的需要和关注点选择是否阅读这些注释文字。文本在结构安排上，尽可能让读者一目了然地把握整体，以方便理解。

从学科建设来说，本研究立足于教育学，从教育学视角对教育现象（表扬与批评）进行探究，研究将对读者理解教育学的实践性具有一定的启发意义。现象学教育学立足于教育的生活世界，而不是以某种理论作为先导，希望它有助于形成人们的教育学理解。现象学教育学的研究并不是流于现象的描述，而是逐层深入，尽可能深入地揭示现象的本质特征，并把这样的揭示和教育反思结合起来。

五、效度与伦理

（一）效度问题

现象学强调生活世界的复杂和丰富性，反对实证科学使用几个简单的变量对现象进行数量化操作。现象学强调描述的力量，但现象学描述往往给人主观性太强、语言模糊等印象，缺乏实证科学所具有的“严格性”。但是现象学家对经验描述却有着自己的见解。梅洛-庞蒂说过，真实描述世界的语言而非概括世界的语言才是反映世界的语言、思索世界的语言（范梅南，2003：16-17）。正是在描述经验的意义上，胡塞尔（Edmund Husserl）说：“如果‘实证主义’相当于有关一切科学均绝对无偏见地基于‘实证的’东西，即基于可被原初地加以把握的东西的话，那么我们就是真正的实证主义者”（胡塞尔，1992：79）。舍勒（Max Scheler）也强调，现象学是最彻底的经验论和实证论（舍勒，2000b：176）。本研究希望通过经验描述和分析，能够更多地展示表扬与批评现象的丰富意义，在一定程度上“回到孩子们的表扬和批评体验本身”。

然而，声称并不代表真正回到了“实事本身”。每一个个体的背景和经历都不一样，他们所面临的情境也不一样，因此他们对表扬与批评的体验也存在很大的差异。毕竟“人不能两次踏进同一条河流”，经验具有不可重复性。然而，本研究的目的并不是要回到个体的经验本身。如梅洛-庞蒂所说，现象学对经验的描述并“不是对直接经验的回归，因为我们无法回归到直接经验”（梅洛-庞蒂，2002：43）。我试图去捕捉的是表扬与批评对孩子们的普遍性意义，或者说是表扬与批评现象的本质特征或结构。

这里的结构特征是通过主题的方式建立起来的。但我无法保证自己所提炼的主题就能够建立起表扬与批评的内在结构或者本质结构。实际上，没有人能够这样声称。这样声称不仅会落入本质主义的阵营，而且也设定了有一个“表扬与批评的本质”存在。“意义”并没有一个固定的结构。我们总是希望用某种简单的方式或者以某种可以把握的方式建立对“意义”的理解。本研究只是以一种更富有意义的方式去展示表扬与批评现象。我相信还可以用很多其他的方式或者视角去展示该现象。这也是人文科学的魅力所在：事情总是可以被再解释的。本研究只希望能够富有成效地展示出表扬与批评的意义，并尽可能帮助读者理解该现象。

本研究并不想向读者承诺这里所提供的经验的绝对真实性。对于经验的真实性，确实有很多层次的理解。梅洛-庞蒂说过，现象学还原最终证明的是完全的还原是不可能的（梅洛-庞蒂，2001：10）。而且，现象学不是一种事实性研究，现象学是一种本质研究。表扬与批评的意义并不是经验事实，它属于表扬与批评的本质特征。因此，文本所提供的经验更多的是一种阐明经验结构的工具。就像阿伦特（Hannah Arendt）一样，她的很多书在事实描述上常常有不实之词，但是我们不能用实证主义的眼光来看待这样的描述。“在她那里，事实就像韦伯的‘理想类型’那样，更多是论述的工具，而不是经验的证明。”（张汝伦，2003a：301）实际上，对过去经历的回忆，并不是要还原过去，而是要通过回忆使过去与今天发生关系，或者成为今天思索的继续，所以回忆一定是思想者在今天的事。因此，回忆，特别是思想的回忆，其真实性就不是靠“过去”担保的，“过去”也担保不了。然而，这并不是说，本研究中所提供的实例是不实的或虚假的。作为一项经验研究，研究者所能够做的就是尽可能地贴近“事实”。

有一点需要强调，语言只是起到图标的作用，实例的作用是把我们引向体验本身。所以，这里的描述都是有所选择的。一方面，主题来自经验描述；另一方面，当经验描述作为某个主题的实例时，就为某个主题而服务，因此我在描述时有所取舍，从而能够更加集中地为表现主题服务。

现象学（解释学）的方法就是没有方法（罗蒂，2003：337）。现象学研究所强调的是要努力贴近事实本身，不为方法所囿。本研究始终把对表扬与批评意义的探究作为首要任务，理论上尽可能地吸纳诸现象学家的思想。因此，这里所提到的现象学思想属于广义上的现象学。方法的澄清并不能代表对现象本身的探究会有实质性的意义。研究者努力做的是，尽可能使得自己的描述和分析能够传达一些共同的、本质性的东西，即尽可能深入地揭示表扬与批评的意义。人文科学的研究效度不在于方法的严格性，而在于语言文字的精确性和描述的深刻性，即努力使得所描述的意义可以被识别。因此，研究更主要的是描述现象或者体验。它要求通过描述，让读者在阅读中能够直接“看”[①] 到现象的本质方面的特征。因此，可以说，现象学的效度就是语言描述的效度。

① 这里的“看”是一种直观。直观即明见性。这类似于禅宗所说的，第一义不可说。我国古代的“心学”也强调诉诸“良心”“本心”。据说杨简初见陆九渊时，问其人的本心如何。陆九渊便援引《孟子》论述的善之四端来说明。但杨简说自己在孩提时代便已学过，就是不明白本心何所指。他当时正任富阳主簿，谈话间要去处理一桩诉讼案，然后回来和陆九渊继续谈话。陆九渊说：你刚才断案，知道怎样判断是非，这便是你的本心。杨简问：仅止于此吗？陆九渊大声回答说：你还要什么？杨简从此顿悟，成为陆九渊的弟子。（冯友兰，2007：284）

（二）伦理问题

几乎每个人都有过表扬与批评的体验。对于每一个参与到研究中的人来说，探究都能够或多或少地促进他们用反思的方式加深对自己和他人的理解。因此，本研究对于参与者也是一种意识提升，研究也因此而具有某种程度的教育意义和实践性质。

例如，在访谈中，很多人都愿意把自己曾经有过的表扬经历讲出来。在讲述的同时，他们又重温了那一刻的体验。这一刻不仅仅是重温，他们在再次审视过去的经历中，不但更加深刻地理解了表扬自己的人，而且对自己有了更好的认识，同时也可能会加深了对教育的理解。在对批评的探究中亦是如此。例如在对批评的研究中，很多人在回忆或反思时都能够更加平静地看待批评，有时还能够在反思中有新的发现和体悟。也有些人对一些刻骨铭心的伤害摇头。但这仅属个案，很少会达到这样的程度。对此，我会尽可能以理解的方式表示安慰，或者以探究的方式加深理解。

在收集学生所历经的表扬、批评体验时，学生通过写作的方式把自己的内心世界真实地展示出来。这对于孩子们学习如何用语言表达自己是有建设性意义的。而且他们在写作的同时也学会了对表扬、批评进行深入的反思，在一定程度上也加深了对表扬与批评意义的理解。

和其他教育者的讨论分析也能够对人产生较为积极的影响。例如，一位同事在阅读了我的研究文本之后，不无感慨地反省道："我现在才知道我那时（当老师时）所犯下的错误。学生只是想要挽回一点面子。而我却硬是让他下不了台。"他说，我的研究让他对学生有了更深的理解，以后再遇到这样的事情就知道该怎么做了。

必须承认的一点是，我的研究确实占用了参与者的时间和精力。所有的涉及他人参与的研究都不能逃避这样的问题：社会科学研究需要他人的参与和帮助。但是，我寄希望于将教育研究作为一项公共事业，希望所有关心教育、关心孩子们成长的人都给予研究以支持。

面对占用他人时间的问题，我的基本立场是尊重对方，本着尽量方便对方的原则做自己的研究，即在时间、地点、时机的选择上都替对方着想，同时也设法从各方面给予回报。但更主要的还是建立良好的关系，给予对方以精神上的安慰，例如注意倾听别人的倾诉，试着帮助他们共同进行分析等。在和他人交往的过程中，倾听非常重要，让说者感觉自己的话是有意义的，自己对他人有用。这既是对他人的肯定、承认，也是对参与者的一种回报。

实际上，很多人愿意帮助我收集资料，并不要求马上就给予回报，或者给予什么样的报酬。参与者几乎没有想着物质上的回报问题。大多数参与者和帮忙的人都是因为我们先前的某种关系，或者他们对我的研究有着某种美好的期待。因此，这种合作关系的建立更多的是交往性质，而不是交换性质。另外，还有很多资料是通过中间人收集的。

我能够给出的最好回报就是尽可能把研究做好，对知识有所贡献，对人们的教育理解有所贡献，希望我的研究有助于提升人们的教育意识和教育实践品质。我想，这才是对所有研究参与者最好的交待。

在我的研究中，很少有涉及秘密或隐私的问题。因为在收集资料之前，我就已经把研究意图告诉了参与者。但确实会遇到引用孩子们作文的情况。这里需要解释的是，孩子们会为自己的东西被看重而感到高兴。这里没有学术成果的争议问题。遗憾的是我不可能把所有孩子的名字都署上，而且当初我收集资料的时候，也明确地告诉孩子们，可以不署名。因此，他们中很多人是匿名写作的。

总之，研究过程中，我始终将人看作目的，听从自己的良知行事，并不断地反省，尽量替对方着想。与此同时，我努力把自己的研究做好，不辜负参与者和社会的期望。

六、本书的内容安排

本书分为三个部分，共九章。第一部分为导论，第二部分是关于现象学教育学的内容，第三部分是关于表扬与批评教育学的内容。

第一部分即第一章导论。这一章对本书缘起、研究问题、研究特色以及目的和意义、效度和伦理等进行简要的介绍说明。

第二部分是关于现象学教育学的内容，包括第二章、第三章和第四章。

第二章简单梳理了现象学教育学的概念脉络，追溯了现象学教育学的人文科学渊源，即主要是通过荷兰的乌特勒支学派传到北美并产生国际影响，阐明了在现象学及现象学运动的背景下，现象学教育学是现象学运动的教育学效应。最后指出，在当今教育学语境下，现象学教育学不仅被看作一种教育哲学方法论，而且也被视为一种独特的质性研究方法。

第三章试图阐明现象学教育学的三个基本理论问题，即现象学教育学的本体论、认识论和方法论问题。现象学教育学以具体情境中的生活体验为研究的起点，赋予生命体验以本体论的地位。它努力克服传统理论与实践分离的客观认识论，突出一种实践的认识论，即强调教育及研究不可脱离情感意向、他人意识以及对良好践行的追求。在方法论上它强调在反思生活体验的基础上，通过直观直接把握现象的本质特征。

第四章介绍了现象学教育学研究方法的一般原则和具体操作程序，分别从资料收集、主题提炼、实例写作以及文本创作等方面介绍该方法的操作。现象学教育学研究提倡多种收集资料的方式，目的是帮助理解现象本身。提炼主题的方法很多，主要通过“自下而上”和“自上而下”两种方式提炼主题，而实例则采用多维度、多层次、多视角的方式呈现。

第三部分是关于表扬与批评教育学的内容，包括第五章至第九章。

第五章主要是通过具体情境展现日常生活中的表扬与批评现象。该章通过成人与孩子日常交往中的场景和画面，引出表扬与批评的话题，随后将视角转向有关表扬、批评现象的两个主要领域——习惯和学习，然后对与孩子们学习相关的两个主要话题——作业和考试进行了较为详细的描述分析。其目的是向读者表明，表扬与批评是成人与孩子们日常交往中最普遍的现象，一直伴随着孩子的成长。

第六章通过对孩子们表扬体验的描述和分析，揭示表扬对孩子们的生存和自我成长的意义，在此基础上进一步分析了表扬的教育学特征。孩子们都渴望表扬。渴望表扬与他们渴望被看见（存在）、渴望被肯定（认同）、渴望被重视（地位）、渴望被关爱（亲密）等生存体验直接联系在一起。表扬对孩子们自我成长的意义也非常重大，表扬让孩子们打开了心灵，从而能够接受影响；表扬让他们从中发现一个积极、能干的自我，他们也因此而有了品味自己的机会。同时，孩子在表扬中也可以超越自我。事实上，只有经历表扬，他们才能更好地超越自我。在对孩子们的表扬体验进行描述分析的基础上，该章最后对表扬的教育学特征做了进一步思考，认为表扬不仅是教育者的给予，同时也是一种指引，其中深层次的联系是教育者对孩子的欣赏态度。

第七章对孩子们的批评体验进行了详细的描述和分析，揭示了批评对孩子们的成长意义，并对批评的教育学特征进行了一定程度的揭示。孩子都害怕批评，这种怕是他们在世界存在的一种方式，是他们体验世界、他人和自我关系的一种形式。批评体验对孩子们的成长意义是复杂的。文中尽可能地展示出孩子们的批评体验，理解批评对他们成长的可能性意义。随后，我从“批评”的词源和生活实际出发，揭示了教育者批评孩子的合理性根源在于权威的存在以及在此基础上的教育关系和教育意识。第七章最后还从批评的教育意义出发，提出了一种走向教育学批评的可能途径。

第八章对表扬、批评与教育学的关系进行了阐述，认为表扬与批评是教育的具体形式，是教育的实际行动和体验。教育首先呼唤教育者的行动，然后要对行动的意义进行反思。从实践的意义上，表扬、批评是通达孩子成长的“道路”，而不是控制孩子的技术或方法。教育关系的在场性是表扬-批评教育学的基础，它决定着表扬、批评的教育学影响。教育要关注孩子的体验，从孩子的体验那里理解表扬、批评的教育学意义。教育需要表扬，也需要批评，“一阴一阳”才是教育之道。

第九章是对表扬-批评教育学的进一步拓展，对“教育希望”现象进行了现象学分析，分别从教育希望的尚未性、关系性、实践性和矛盾性等几个维度把握教育希望的意义。尚未性是教育希望的意向特征，教育希望意向以多样的方式指向未来或者尚未存在的实在；关系性则是教育希望存在的基础和前提；实践性是教育希望的实现形态和教育行动的动力；而矛盾性则是教育希望的张力和辩证性特征。第九章最后总结指出教育希望不知疲倦的教育学本性。

第二章 现象学教育学的意义

现象学教育学是受到现象学的影响而出现的一种新的教育思想。除了受到现象学哲学影响外，现象学教育学在中国大陆的发展很大程度上是受到加拿大现象学学者马克斯·范梅南的影响，尤其是他的现象学教育学著作连续出版①，吸引了中国教育学界的众多“范迷”。现象学教育学之所以为读者所喜爱和认同，主要原因在于其理论的深邃、文本的深刻，及深厚的人文情怀和道德关切。现象学教育学相关著述在国内的翻译出版，让更多的中国读者不仅阅读到了现象学教育学的理论与研究方法，而且看到了现象学教育学的研究实例，体会到现象学教育学研究文本的魅力。

然而，现象学对教育学的影响或者教育学的现象学传统是一个发展的过程。在这个发展过程中，由于参与者的广泛以及参与者的学术背景和学术旨趣的不同，教育学界形成了不同的传统和倾向。

本章从以下几个不同的视角出发，试图阐述现象学教育学可能有

---

① 这三本书分别是《教学机智》《生活体验研究》《儿童的秘密》，均已由教育科学出版社引进出版。

的意义：现象学教育学的概念脉络、作为人文科学的现象学教育学传统、现象学及现象学运动背景下的教育学效应，以及将现象学教育学看作一种教育哲学方法论及一种独特的质性研究方法。

一、现象学教育学的概念脉络

和现象学一样，现象学教育学的思想也是最早出现在德国。德国教育学家克里克（Ernst Krieck）曾经借用胡塞尔现象学的本质分析方法论述教育科学，故迈塞尔（August Messer）称其为“现象学的教育学”（王坤庆，2000：186）。不过，克里克的目的是要建立一门“纯粹的教育科学”，所以在教育学界并没有产生多大影响。菲舍尔（Wolfgang Fischer）早在1914年就发表过一篇题为《描述性教育学》的文章，阐明了个案研究基础上的“描述性教育学”的纲领，但是同样没有产生真正的影响（博尔诺夫，1999：16）。

在德国，真正将现象学的取向及方法与教育学结合在一起并产生持久影响的是“Geisteswissenschaftliche Pädagogik”（精神科学教育学）。在英语国家，人们一般将其翻译为“Human Science Pedagogy”，即“人文科学教育学”（我们有时也称其为“文化教育学”或“精神科学教育学”）。人文科学教育学大约产生于20世纪10年代，到20世纪50年代后期在德国发展并壮大起来，“二战”后到60年代中期影响到荷兰和斯堪的纳维亚的一些国家。经过好几代人文学者及教育学者的参与，人文科学教育学逐渐成为一股被教育学者普遍接受并影响广泛的教育思潮。德国的人文科学教育学传统（狄尔泰-诺尔学派）运用解释性或解释学的方法论，而荷兰的现象学教育学（乌特勒支学派）则更加富有描述性或现象学的取向（van Manen，1997：Preface）。

荷兰的现象学教育学以“乌特勒支学派”（Utrecht School）为代表，其核心人物是兰格威尔德（Martinus J. Langeveld）。在荷兰求学的时候，兰格威尔德在导师的推荐下认识了胡塞尔的学生博斯（Hendrick J. Pos），开始学习现象学，随后留学德国，接触了胡塞尔和海德格尔（Martin Heidegger）。兰格威尔德认同胡塞尔的哲学方法，但不同意他的哲学主张。兰格威尔德将现象学看作应用和反思的事业，而不是看作理论哲学。他的研究兴趣主要是儿童的体验和儿童看待世界的方式。兰格威尔德在《简明理论教育学》（*Beknopte Theoretische Pedagogiek*）中首次系统地阐述了“现象学教育学”的思想，从理论上为“现象学教育学”奠定了发展的基础。他将现象学教育学的研究看作“家庭、街道和厨房取向”的研究。他的现象学教育学研究话题非常广泛，包括儿童秘密处所的体验、儿童对事物的体验、学校时光等等。

兰格威尔德的学生比克曼（Anthony Ton Beekman）继承了他的现象学教育学思想。不过，比克曼反对将现象学看作天才学者或博学人士的专利，他希望任何想要学习现象学方法的人都能够使用这种方法。因此，他一直致力于现象学教育学研究的平民化发展。比克曼还与美国密歇根大学巴里特（Loren S. Barritt）等合作出版了《教育的现象学研究手册》[①]，书中通过具体实例介绍了他们的现象学研究方法。比克曼与其学生及同事做了大量的现象学实例研究，如对驾车体验、残疾体验的分析等。根据范梅南的看法，比克曼主要是在人类学研究的方法基础上，将现象学反思的方法注入到生活世界的参与观察中[②]。

在北美，现象学进入教育研究领域部分是通过民族志研究、解释性社会学、常人方法以及其他有关人文社会学科的操作，还有一部分则是通过人文主义心理学而进入的，如现象学心理学及存在主义心理学等。相关学者大多与欧洲大陆有着密切的联系，如美国宾夕法尼亚州匹兹堡迪尤肯大学的现象学心理学家范卡姆（Adrian van Kaam）来

---

① 该书已由教育科学出版社引进出版，译者是刘洁。

② 笔者 2013 年在加拿大阿尔伯塔大学访学期间曾经到加拿大维多利亚市探访了范梅南。访谈中他对比克曼的方法作如是评价。

自荷兰；吉奥吉（Amedeo Giorgi）则来自意大利，也曾到荷兰访学。迪尤肯大学的现象学心理学者不仅创办了《现象学心理学杂志》（*Journal of Phenomenological Psychology*），出版了大量现象学心理学及人文科学研究成果，培养了众多的研究生，而且联合迪尤肯大学哲学系现象学研究中心成立了西蒙·西尔弗曼现象学中心（The Simon Silverman Phenomenology Center），成为美国现象学研究的中心，形成了著名的"迪尤肯学派"（Duquesne School），对心理学和教育学研究都有很大影响。他们还多次邀请乌特勒支学派的学者去那里工作和讲学，如林斯霍滕（Johannes Linschoten）、范登伯格（Jan Hendrik van den Berg）、卢依本（William A. Luijpen）、比克曼等（崔光辉，2009：98）。

当代现象学教育学思想主要代表及推动者是以马克斯·范梅南为核心的加拿大"阿尔伯塔学派"（Alberta School）①。范梅南的现象学教育学思想主要来源于荷兰的乌特勒支学派，也吸收了德国"人文科学教育学"的解释性传统。范梅南经常使用的概念有"人文科学研究"（humanistic research）、"现象学研究"（phenomenological research）、"解释现象学"（hermeneutic phenomenology）等。不过，范梅南在承认其解释性传统的同时，更多的是强调描述，体现出一种"现象学的看"（phenomenological seeing）或"荷兰人的看"（Dutch seeing）的精神。其特点是关注日常生活经验的直接呈现，努力揭示这些经验的日常生活意义。

在中国教育学界，"现象学教育学"在90年代随着质性研究的兴起而受到学者们的关注，并在随后的新课程改革中逐渐扩大影响。特别是在马克斯·范梅南的现象学著作被翻译出版之后，教育学界还形成了一股研究的热潮。教育科学出版社连续引进出版了范梅南的三本

---

① 这个概念是笔者2013年在加拿大阿尔伯塔大学访学期间从范梅南的学生及教职继任者凯瑟琳·亚当斯（Catherine Adams）那里获悉的，英语学界有人这样称呼马克斯·范梅南及其研究团队。

著作，范梅南也多次被邀请来华做讲座。国内较早研究现象学教育学的学者主要是首都师范大学宁虹教授及其团队，高伟教授、刘良华教授也曾就“教育现象学”发表过相关论文，此外还有熊和平、王萍等学者也曾致力于现象学教育学或教育现象学的研究。首都师范大学宁虹教授的学术团队连续成功主办了四届国际现象学教育学会议（2006年10月、2010年10月、2015年9月、2018年10月）。这些都扩大了现象学教育学在中国的影响。

二、作为人文科学的现象学教育学

现象学教育学属于人文科学，就如同当初哲学属于人文科学一样。实际上，欧洲大陆一直有着人文学科不分家的传统。现象学最初原本是一门哲学学科，甚至现象学心理学、现象学社会学和现象学人类学这些相关的学科也都根植于哲学。而且在欧洲学术界，这些学科都属于人文科学。德国、法国及其他欧洲大陆国家的哲学家在走上哲学教席的时候，常常同时担负起教育学、心理学及历史学等的教学。如康德（Immanuel Kant）不仅开设自然科学讲座，也开设哲学和教育学讲座；梅洛-庞蒂的研究涉及心理学、人文科学和教育学，还著有《儿童心理学与教育学》（*Child Psychology and Pedagogy*）。反过来也同样，心理学专业的宾斯万格（Ludwig Binswanger）、精神病学专业的雅斯贝尔斯（Karl Jaspers）在哲学上也是成就非凡。类似的学者还有萨特（Jean-Paul Sartre）、伽达默尔、利科（Paul Ricoeur）、德里达（Jacques Derrida）等。现象学的创始人胡塞尔也是从最初学习数学而转向哲学研究的。

在胡塞尔生活的时代，很多学者的世界观都处于实证科学的支配下。人们普遍认为，在自然科学中发展起来的科学方法一定适用于对人类的研究。胡塞尔的现象学方法正是在此背景下提出来的，作为应对实证科学的挑战。在现象学方法和态度的影响下，历史上想当然的信念和操作越来越受到质疑，越来越受到哲学方面的挑战。这种新的哲学取向对教育学非常适用，具有很强的解释性力量和实践性力量，将教育学从规范性、习惯性假设以及社会和意识形态环境的偏见中解放出来，将人们引导到反思和重新理解教育的道路上来。

狄尔泰（Wilhelm Dilthey）也反对自然主义对心理领域的统治，试图发展一种更具描述取向的人文科学，其核心观念是“我们说明自然，但我们理解人类”。狄尔泰受到胡塞尔现象学描述的影响，认为胡塞尔从相关的立场出发，为作为知识现象学的认识论，因此也为一种新的哲学学科，准备了严格描述的基础（施皮格伯格，2011：171）。在狄尔泰的影响下，人文科学教育领域出现了一批重要的代表人物，如诺尔（Herman Nohl）、斯普朗格（Edward Spranger）、李特（Theodor Litt）、韦尼格（Erich Weniger）和福利特纳（Wilhelm Flitner）。这些思想家不仅继承了狄尔泰强调的历史和历史性的思想，同时还把更多的精力转向对教育实践的理解。狄尔泰的学生诺尔对人文科学教育学的发展起到了很重要的推动作用，在他的影响下形成了有名的“狄尔泰-诺尔学派”（Dilthey-Nohl School），其主要取向是解释教育在人类生活中的意义。

狄尔泰认为，教育研究首先必须从理解成人与孩子之间的关系开始。诺尔在狄尔泰的出发点和构想的基础上提出了一种教育哲学。在诺尔的取向中，一个早期的现象学主题是很好地将教育和养育孩子的现象放到日常生活世界的思考和行动中。他反对那种将来自理论的知识运用到教育学实践中的一般化做法。在继承了狄尔泰对人文科学中解释和说明的区分的同时，诺尔反对运用客体化和自然科学的方法来研究教育学的问题。他希望将教育学和解放的文化发展联系起来，从而为人的教育服务，德国人称其为陶冶（Bildung）。只有生命才需要用文化去陶冶和唤醒，而生命是通过个体的体验来证明其存在的。

对生活体验的关注，改变了教育研究中实证科学方法论远离生命的谬误。诺尔将成人与孩子之间的教育学关系描述为一种紧张的体验关系，认为教育学关系是非常个人的关系。教育学关系是一种意向关系，在这种关系中，教育总是双向的，也就是将孩子作为当下存在来关照，又要考虑孩子可能会成为什么样的人。教育学关系是解释学关系。教育者必须总是能够解释和理解当下独特的情境和孩子的体验，并预见到孩子能够更加充满自我责任感地参与到有意义的文化生活中的时刻。孩子和成人之间的这种教育学关系已经变成了随后发展起来的现象学教育学研究的核心主题。

在人文科学教育学发展过程中，由于不同的理论家从自己的历史境遇出发，吸收不同的哲学思想，因此形成了文化教育学的不同支派，以兰格威尔德为代表人物的现象学教育学就是其中的一支（邹进，1992：173）。兰格威尔德曾就学于诺尔学派的李特，并与李特一起做研究。他用德语出版了大量著作，如《简明理论教育学》、《学校作为儿童成长之路》（*The School as the Road of the Child*）等，有的甚至从来没有在荷兰出版过。兰格威尔德还是很多德国顶级教育学杂志的编委，他一直被认为是一位优秀的“德国”教育者，甚至有人将他列入《德国著名教育学家传记》（刘洁，2012）。虽然一般认为现象学教育学真正是从兰格威尔德的研究开始的，但是他的研究依然根植于德国的人文科学教育学。

范梅南的现象学研究也继承了德国人文科学教育学的传统。范梅南常常直接称其现象学教育学为“人文科学教育学”。他的著作《生活体验研究》的副标题就是“人文科学视野中的教育学”（human science for an action sensitive pedagogy）。他在书中指出，他所使用的“人文科学”与德国（约 1900—1965 年）和荷兰（约 1945—1970 年）建立的解释现象学传统相一致。他是在对传统的人文科学教育学的某些方面进行现代意义的延伸（范梅南，2003：3）。他创办的《现象学+

教育学》刊物的副标题也是“人文科学杂志”（a journal of human science），杂志中刊载了大量德国人文科学教育学的研究，如莫伦霍尔（Klaus Mollenhauer）的《儿童手指游戏》、博尔诺夫（Otto F. Bollnow）的《教学的气氛》等。

三、现象学教育学作为现象学运动的教育学效应

现象学教育学是现象学及现象学运动背景下出现并发展起来的一种思考和理解教育的方式和方法，是现象学在专业实践领域的成功应用，是现象学运动的教育学效应。

现象学由德国哲学家胡塞尔奠基于1900年，随后逐步发展壮大，成为20世纪最重要的哲学流派之一。现象学的核心信念原则是“回到实事本身”，即返回到直接体验，回到对现象本质结构的洞察。现象学“回到实事本身”的原则得到了舍勒、普凡德尔（Alexander Pfänder）、海德格尔等众多哲学家的推崇，他们都在不同程度上顺应并推进了这一思想，从而形成了影响深远的现象学运动。现象学运动从德国影响到法国及欧洲大陆其他国家，后传播到美国及世界其他国家和地区。与此同时，现象学家将现象学的思考方式运用到各种学科及研究领域中，如舍勒的现象学人类学、舒茨（Alfred Schutz）的现象学社会学、英伽登（Roman Ingarden）的现象学美学等。现象学运动广泛地影响了众多学科的问题提出和操作方式。

随着现象学运动的发展，在20世纪四五十年代，荷兰一些大学从事专业实践的学者开始用现象学的方法做他们的专业研究。例如精神病理学家范登伯格、儿科医生比茨、教育学家兰格威尔德、心理学家林斯霍滕和范伦内普（David van Lennep），以及医学博士拜滕迪克（Frederik Buytendijk），他们将现象学整合到他们所从事的专业学科的语言和结构中。不过，他们一般不愿意讨论哲学理论和技术问题，而

是将现象学看作一种哲学的应用和思考方式。虽然其中一些人听过或参加过胡塞尔和海德格尔的演讲和研讨班，但他们更多的是受到萨特、梅洛-庞蒂、明科夫斯基（Eugène Minkowski）、古斯多夫（Georges Gusdorf）和利科的影响（van Manen，2013：194）。

拜滕迪克是对该领域做出贡献的第一批荷兰学者之一，而且在数十年的发展中一直是该学派的核心人物。范伦内普、范登伯格、斯特劳斯（Erwin Strauss）以及林斯霍滕都是其杰出的成员，兰格威尔德则是教育学领域的主要领导者。拜滕迪克和兰格威尔德利用他们在乌特勒支大学的行政权力和学术影响力，团结并吸引了一大批优秀的现象学学者。实际上，乌特勒支学派并不是一个联系紧密的学术团体，他们只是共同有着现象学、解释学取向的学术兴趣的联合体。他们并没有将自己看作“乌特勒支学派”。尽管如此，学者们还是承认“荷兰学派（或乌特勒支学派）是荷兰学者对国际现象学运动真正的原创性贡献”（Levering，van Manen，2002：280）。现象学教育学则是他们对现象学在教育实践领域所做的贡献。他们不仅探究现象学教育学的理论和方法操作，出版著作，而且培养了众多来自世界各地的学生，如美国、日本、南非的学生等，从而扩大了现象学教育学在国际上的影响。因此，荷兰学派在现象学运动中作为一个整体占据着重要的位置（Kockelmans，1987：Preface）。

由于受到当时主流研究范式——实证研究的影响，乌特勒支学派在五六十年代开始逐渐衰落，尤其是现象学心理学。尽管范登伯格继续保持着兴趣，但是在1957年拜滕迪克退休之后，乌特勒支学派在心理学、法律和精神病理学上的声誉确实开始衰落。虽然现象学心理学在荷兰失去了其在实践现象学领域的支配地位，但是像现象学教育学这样的学科却依然保持繁荣。即使在兰格威尔德1972年退休之后，乌特勒支学派的现象学教育学依然活跃。这样的境况得益于现象学教育学对实践的关注。和德国现象学家一样，兰格威尔德的研究很少涉及方法论的问题，他认为现象学必须保持对日常具体生活世界的关注。实际上，“乌特勒支学派的现象学研究对我们今天的影响不在于其方法，其意义更多的是他们的高度实践参与”（Kockelmans，1987：Preface）。

随着现象学运动中心的转移，乌特勒支学派的很多学者去往美洲，并在那里进行讲学和研究。以马克斯·范梅南为代表的加拿大“阿尔伯塔学派”不仅继承了荷兰学派的传统，而且在研究方法、主题及实践上都有很多发展。范梅南早在荷兰的中学和师范学院学习时，就接受了现象学、解释学的思想，尤其是兰格威尔德、比茨、范登伯格、拜滕迪克和林斯霍滕的思想（van Manen，1991）。20 世纪 60 年代末 70 年代初，范梅南从荷兰到加拿大阿尔伯塔大学求学。与很多人文学者一样，范梅南到加拿大后对当时北美的教育研究非常不满。在导师奥凯（T. Aoki）的鼓励和支持下，他进一步发展了早年对现象学的兴趣。特别是不断地与荷兰、德国年青一代学者接触以及与阿尔伯塔大学的同事及学生合作，更加激发了他在这方面的责任感（van Manen，1991）。

范梅南将施皮格伯格（Herbert Spiegelberg）“做现象学”（doing phenomenology）的精神带入到教育研究中，强调对现象的实际分析。“做现象学”强调的是专业实践工作者用现象学的精神对日常生活实践中的现象或体验进行描述分析，探究现象的意义或本质，在反思性写作中把握现象本质特征，并获得智慧性洞见。范梅南认为，教育学必须从教育现象本身出发，根据体验，而不是从某种哲学、理论概念或预想的教育理念和理想出发，因为这些理念和理想往往会让人产生偏见，从而以抵触的方式看待养育和教育孩子与年轻人时遇到的困难。他的学生来自于广泛的实践领域，他们将“做现象学”的精神带入各自的实践领域。在范梅南的影响下，阿尔伯塔大学教育学院形成了广为外界赞誉的“阿尔伯塔学派”。他们的现象学实践范围也不断扩大，例如李树英对考试现象的研究，凯瑟琳·亚当斯对媒介和技术现象的研究及其对课堂和其他教育场景中教育关系影响的研究，迈克·范梅南（Michael van Manen）表现了在医疗技术背景下父母对新生儿的伦理体验现象学研究的兴趣，等等。他们除了在众多主流期刊上发表学术成果外，还创立了一本新的杂志《现象学与实践》（*Phenomenology & Practice*，2007 年），专门刊载现象学相关的研究。《现象学与实践》是一个在线的、公开的发表平台，致力于专业实践及日常生活实践中的生活体验研究。该刊的目的是“恢复并拓展《现象学+教育学》”的追求（朱光明，应单君，2012）。

四、现象学教育学作为教育哲学方法论

现象学看待事物的态度和方式给教育学带来了全新的思维和视角，它不仅将全面的反思带入教育研究，而且使学者们将视角转向了教育的生活世界，关注日常生活体验，关注教育生活中人与人之间的关系及其意义，从而让我们对已有的教育理论和实践重新进行审慎的思考。梅洛-庞蒂指出，“真正的哲学在于重新学会看世界”（梅洛-庞蒂，2001：18）。现象学让我们学会重新审视教育，重新审视已有的理论，因此而成为新的教育哲学方法论。

现象学努力消解传统二元对立的认识论模式，将意识看作人与世界联系的唯一通道。意识总是指向某物的意识，这就是意识的意向性。意向性理论确立了教育学意向的重要意义。教育学意向建立起教师、父母或成人与孩子之间的直接联系。教育学不同于其他学科的特性在于它关注教育实践中“先天”的教育意识——希望孩子好的意识。教育意识是渗透在教育行为中“前理论、前反思”的意识，是教育的原初意识。现象学教育学希望教育者从“替代父母”的原初关系中理解和把握教育中的师生关系。

现象学方法的原则是现象学还原。它有两个基本步骤，即通过现象学的悬置和还原，努力让“事情本身”得以展现出来（van Manen，2013：215）。悬置和还原是两个不同的方向。悬置（epoché）指的是排除或加括号，或称为“终止判断”，就是把我们对世界的传统观点和理论构造置入括号中“存而不论”。而还原则是回到现象显现自身的方面。还原的目的是移除阻碍现象显现或展示自身给予的各种障碍、偏见或假设，重新获得我们与世界原初且直接的接触，如我们原初所体验的或它所显现的那样，而不是经过理论化、概念化之后的样子。但是原初的直接接触也许被我们体验为某一个生活意义或对某一个情境的理解，因此，还原的方法意味着将属于前反思生活世界的隐藏的、看不见的意义的原初方面带到我们近前或成为可见的。但是我们需要注意的是，任何现象都不是简单地给予。我们必须要接受所给予我们的，或者对给予我们的要持有一种敞开的态度。

现象学通过还原发现了被我们所忽视的体验世界或生活世界。生活世界是“一个即时体验而尚未加以反思的世界，而不是我们可以为之下定义、分类或反映思考的世界”（范梅南，2003：11）。它是一个前科学、前反思的世界，是一个被主体从他的角度所体验的世界。生活世界的发现对于教育学具有重要的意义，它将儿童的生活意义提出来。成人与儿童有着不同的生活世界。儿童的生活世界与他们的生活环境或背景相关，与他们所处的时代、地域及环境有着密切的联系。我们需要理解并重视儿童的生活世界，并在此基础上施加适当的教育学影响。理解儿童的生活世界，就是要理解儿童的可能性。因此，我们要学会倾听孩子，并在与孩子的相处中不断反思自身的行为意识，从而提高教育实践智慧。现象学还原或者说现象学反思让我们观照到这个很容易被遮蔽的生活世界。

现象学反思既不是归纳（inductive）也不是演绎（deductive），而是还原（reductive）（van Manen，2013：222）。还原的方法及各种努力都是为了让我们向经验敞开：事实或现象是如何构成的，它们是如何在体验中给予自身的。在我们已经科学化的世界中，理论经验总是自然态度的一部分。实证科学更多的是使得教育远离生活世界。因此，我们更加需要现象学的反思态度来帮助我们重新认识和理解教育。现象学并不是要形成概念框架，或是证明前概念的思想，而是要将生活世界的本来面目展示给我们。现象学反思或现象学还原绝不是要将教育实践带回到理论。还原的目的是通过悬置我们的自然态度及理论化或科学化态度，努力揭示原初的、被给予的生活世界意义。

对现象的关注是一种需要不断反思的过程，是一个不断地重新开始的过程。真理总是喜欢隐匿自身，逃避我们的探究。现象学教育学之所以是“现象学的”（phenomenological），是因为现象学要求持续不断地重新开始，回到生活世界。现象学的态度和方式符合教育者与孩子相处时的特征，以持续进行的态度处理教育学的相遇，并不断地进行教育学的反思。这体现了现象学的教育哲学是一种彻底的理论反思，是对根本性问题的思考。因此，可以说现象学方法本质上是一种深度反思，它希望在反思中看到更深的意义层面和更多的意义方面。

教育研究是一种关注的行为。正如歌德所说，我们只能理解我们所关心的一些事或一些人，“一个人只会去学习了解他所爱的，了解的知识越深刻越丰富，他的爱就越强烈越鲜明，确切地说是激情”（转引自范梅南，2003：7）。现象学的还原不仅仅是一个技术程序、规则、手段、策略或者我们用来研究现象的方法步骤。相反，现象学的还原是由悬置所招致的一种敞开的状态中对世界的倾心关注（van Manen，2013：218）。如果我们想要理解某种现象的意义，我们就需要倾听它，并对其进行反思。现象学教育学的方法涉及倾听的态度和思考的方式。理解儿童的生活世界首先要有一种敞开的态度，这也是现象学的态度。

五、现象学教育学作为质性研究取向

质性研究有很多不同的传统和取向，而现象学研究是其中最重要的一种。也有学者认为，所有的质性研究根基都在现象学和解释学之中（McLeod，2001：56）。

现象学是一种严格的、反传统方式的哲学思维，强调去掌握事物真理、去描述现象。生活体验是人们所经历的、所体验的原初世界，也是现象的直接呈现。现象学研究就是重新发现这些已经给予我们的体验，把握现象是如何显现自身的。现象学要努力恢复我们与现实生活的直接接触。正如梅洛-庞蒂所说，在进行反省之前，世界作为一种不可剥夺的呈现始终已经存在，所有的努力都在于重新找回这种与世界自然的联系（梅洛-庞蒂，2001：1）。“研究”（research）一词的字面意思也符合这样一种哲学的出发点，即“重新（re-）寻找（search）”显现给我们的东西。

现象学研究的问题常常是这样的：该现象或该体验是什么样子的？例如，作为父母的体验是什么样子的？作为教师的体验是什么样子的？我们如何体验我们的秘密？病人是如何体验疼痛的？这些问题是激发我们好奇心的原初动力，也是研究者在实施研究或访谈过程中始终要把握的方向。现象学研究者尽可能避免询问被研究者的看法、意见和认识等，一般不会问“你为什么会这样？”或“你如何看待这件事情？”现象学研究者询问的都是具体的事件、时刻及情境，如“这种体验是如何发生的？”“第一次或印象最深的一次是什么时候？当时的情境是什么样子的？”等等。访谈的目的就是努力引出被研究者特定的经历或体验。这些特定的经历或体验将是分析的基础。

现象学研究并没有一个可以遵循的操作程序。但马克斯·范梅南在研究实践中归纳了六个动态程序，是我们在研究操作中可以借鉴的

（范梅南，2003：38）。其方法要点是：首先要专注于一个深深吸引我们或者我们直接体验过的现象，然后反思（写出）我们的真实体验，并对揭示现象特点的主题进行反思。研究要将所有描述诉诸文本，同时保持与此现象的教育意向性关系。当然，这些步骤不是要按部就班执行的程序，而是一个需要周全思考和统筹全局的过程。不过，现象学研究最基本的操作是“两步”（two-steps）：描述与反思。描述就是尽可能将原初的体验用朴实的语言讲述出来或写下来。现象学研究首先是描述体验，用直截了当的语言，不是以解释和说明的方式，“还原”生活体验本身，然后对所描述的体验进行现象学反思。

通过现象学反思，现象学研究将体验或现象的本质或结构提炼成主题（或模式）。主题是经验的焦点、意义或要点。通过这些主题，研究者可以方便地对现象进行描述。主题不同于研究的现象或概念，主题是理解现象或概念的手段，为理解现象或概念提供了一种确定的表达方式。我们需要意识到的是，经验描述并不能将我们的生活体验全部捕捉到并描述出来。正如梅洛-庞蒂所说，我们不可能还原生活体验本身。我们的研究只是试图描述经验的某些方面，并通过主题揭示意义的某些方面来实现的。因此，主题成了现象学反思的核心，是我们通过具体经验而洞察现象本质的一种途径。在现象学研究中，主题分析将贯穿于整个资料收集和写作过程。主题分析也是一个创造性地发现和不断揭示现象特征的过程。

在现象学意义上，现象的本质就是我们对现象意义的理解。人类对共同体生活意义的理解具有一定的共性或“家族相似性”。而在这方面，文学描写对现象学研究很有帮助，研究者常常可以利用诗歌和文学作品来传达意义。因为很多伟大的诗人和小说家都看到了一些重要的东西并已准确地将其表达出来，这对现象学解释非常有用，现象学家可以使用文学资料来说明他希望专注于其上的某个方面。最重要的是，诗歌的语言能够清楚明白地说出那些难以表达的东西（Kockelmans, 1987: ix)。当然，现象学家不会用文学来代替他们试图要完成的任务。诗歌和小说并不能证明任何事情，但是它们能够为我们呈现很多现象，而且能够帮助我们更好地理解我们自己和我们的世界。

现象学研究中常常会追溯词源。从海德格尔、伽达默尔、马克斯·范梅南等现象学家的研究中，我们常常会看到这一方法的使用。因为在我们的语言中，许多曾经能够反映生活本真意义并生动描绘世界的语词，现在已经面目全非了，或者说它们的本真意义被我们遗忘了。对词源及其本义的探究，可以帮助我们发现并理解语言所表达的原初生活经验。此外，还有很多生活经验反映在俗语和习惯用语中，因此，对它们进行研究也能够帮助我们理解所研究的现象。

现象学反思在很大程度上是借助于写作来实现的。胡塞尔的大量手稿就是利用写作来思考的实例。写作的最终目的是创建一个文本，而文本的目的是使我们研究的现象鲜活起来，让隐藏的显现出来，使得不可见的成为可见的。文本要显现出深刻的意义，这是研究所要达到的目的。因此，在现象学研究中，写作不仅仅是在最后为完成报告而采用的一种工具和手段，写作是自始至终都伴随着研究的一种方法。写作为我们提供了一种基于文本的反思，是一个“主体性客体化”的活动。现象学研究就是这样一项工程：通过现象学写作、文本及表述的语言和想象，将活生生的生活带入意义的表达形式中。

现象学写作最终是要产生一个意义深刻的文本。文本对读者说话，引发读者的好奇和认同。因此，现象学文本的生动性或鲜活性是我们评价一项现象学研究的标准之一。当文本表现出真实的力量，将现象紧紧地握在眼前，生动性就发挥作用了。

让读者产生共鸣是现象学写作的目标，现象学的严格表现为语言的严格。从方法上说，一个生动的经验描述是有价值的，因为它创造了眼前的或呈现出来的体验。现象学文本要吸引人，将一般的变成不寻常的，将熟悉的变成陌生的，从而被读者认同。如海德格尔所说，现象学描述的最高原则可以被理解为：并不致力于去进行解释，而仅仅是牢牢地抓住那些显现出来的，哪怕显现出的是如此微不足道的一点点（布因克曼，勒德尔，2017）。

六、小结

现象学曾经改变过欧洲大陆哲学的运思方式，也影响了其他学科的思考和操作。因为在它之后，任何哲学都企图顺应现象学的思维方式（施皮格伯格，2011：1）。虽然，作为一场思想史上的运动，现象学运动已经成为过去，但是作为一种看待世界和思考问题的方式和态度，现象学的影响依然强劲，它几乎已经渗透到所有的人文社会科学当中，成为很多学者基本的运思方式和方法操作之一。现象学教育学是这一潮流中的一股力量，现象学看问题和思考问题的方式为教育研究带来了新的视角和新的发现，是人文教育思想的重要组成部分。

现象学哲学是令人望而生畏的，但现象学教育学实例分析却是令人感觉亲切的。梅洛-庞蒂说过，现象学只能以现象学的方式理解。范梅南也强调，我们要理解现象学，就是要真正去做现象学研究。理论能够为我们提供一种认识世界的方式，实践才是我们的生活。现象学哲学的知识并不能让我们成为现象学家，这就像文学知识不能让我们成为小说家、诗人一样。教育学是一门教我们如何与孩子们相处的学问，是一门实践的学科。作为教育研究者和教育实践工作者，我们理解现象学并不是为了成为现象学哲学家，而是要将现象学的思维、态度及方法带入我们的教育研究与教育实践，帮助我们更好地理解教育和进行教育实践。

第三章 现象学教育学的理论基础

现象学教育学研究致力于生活体验的研究，成功的现象学描述分析具有打动人心的魅力，所以一般读者阅读现象学实例的时候都不会感到有什么困难。然而，谈起现象学教育学所涉及的哲学理论传统，就会显得晦涩很多。

尽管了解现象学哲学的历史对理解现象学教育学研究是有益的，但对于教育学研究者来说，现象学史的知识不是必需的。因为从根本上说，现象学及现象学运动给当代社会科学研究及教育研究所带来的变革主要体现于它所开拓的研究领域以及它带来的看待事物的态度和方法的变化，即它在本体论、认识论及方法论等方面给教育研究带来了独特的、有别于传统的理解。

一、生活世界意义的本体地位

20 世纪 70 年代以来，西方教育科学领域发生了研究范式的转变，即“由过去探究普遍性的教育规律变为寻求情境化的教育意义”（钟启泉，张华，2003）。现象学教育学的出现正是这样一种思想的体现：它关注教育活动中学生（孩子）的生活体验，把这些体验作为教育反思的课题，关注这些体验对他们成长的意义，为教育开拓了新的研究领域。

从理论上说，当代现象学教育学对体验（现象）的关注主要源于胡塞尔现象学思想和“生活世界”的概念。众所周知，近代欧洲客观科学对人文科学的僭越使得精神科学处于非常尴尬的境地。自古希腊至文艺复兴，特别是近代伽利略以降，西方形成了一种“主客二分”看待世界的方式。世界一方面是“自在固定规定地存在着的世界”，另一方面是“对它陈述说明的、理想的科学真理（自在真理）的理念”（耿宁，2002）。这就是把理念世界看作一个真实的、自在独立于人类主观的相对实在。这种思想的错误在于，它用以数学的方式构成的理念存有的世界偷偷摸摸地取代了作为唯一实在的，通过知觉实际地被给予的、被经验到并能被经验到的世界，即我们的日常生活世界（胡塞尔，2005a：64）。将自然当作是由一个理想的数字方式构成的世界，实际上是把柏拉图式的理念世界运用到自然上，“正是这件理念的衣服使得我们把只是一种方法的东西当作真正的存有”（胡塞尔，2005a：68）。

和 20 世纪初的许多思想家一样，胡塞尔看到了客观科学带来的异化：造成客观科学和具体历史生活关系的断裂，使得客观科学构造的世界统治了主观的生活世界，从而导致对生活世界本身的遗忘。客观科学问题不仅是一个纯粹科学理论问题，而且也是一个客观科学对于具体历史生活的关系和意义的问题。胡塞尔敏锐地觉察到客观科学所带来的危机：客观科学无法回答人类生活最重要的问题——意义问题。

面对现实的危机，胡塞尔不断地从理论和方法上为这种危机寻找根本的解决途径或办法，建立了在意识反思分析基础上的现象学，从而为科学寻找确定的根基。他认为一种客观的理论必须建立在生活世界以及从属于生活世界的原始的明见性的基础之上。客观对象“只能通过被给予的方式而对他（人）显现出来，然而这种被给予方式本身却始终没有被研究”（胡塞尔，2005a：5）。因此，他使生活世界的给予性特征突显出来，要求科学必须“返回到我们知识的最终的和基础性根据上去，即必须从‘判断’回到‘体验’”（德布尔，1995：164），也就是要回到“生活世界”。

“生活世界”的思想在胡塞尔那里有很多种不同的表述：“直观的周围世界”“自然的经验世界”，或“素朴的经验世界”“原初的世界”“原有的领域”等，但其最终都指向一个原初的自明性的领域，即它“总是预先给定的世界，总是有效，并且预先就作为存在着的东西而有效，但并不是由于某种意图、题材范围，或按照某种普遍的目的而有效”（胡塞尔，2001：558）。尽管客观科学以这个先被给予，而后才接受科学的事业的生活世界为前提，但这个生活世界却没有成为科学的研究课题。生活世界是先于所有实践目的而被给予的，并且在胡塞尔看来，只有在一个无目的的观点中才能对它进行具体的和普遍的观察；它是一种生命的涌动，是处在流动中又伴随着未来的前拉后涌的生命流。正是这个生命流构成了人存在的意义。

胡塞尔认为，意义是由主体在生活世界的实践中被给予的，然而这些被给予的方式本身却始终没有得到重视，没有成为过研究课题。“预先给定的生活世界的存在意义是主体的构成物，是正在经历着的生活的、前科学的生活的成就。……只有彻底追溯这种主观性，而且是追溯以一切前科学的和科学的方式最终实现一切世界的有效性及其内容的主观性，……才能达到世界最终的存在意义”（胡塞尔，2001：87）。

胡塞尔克服西方科学危机的旨趣得到了多数现象学家的响应，他们分别以不同的方式表达同样的意义追求。因此，生活世界问题在海德格尔存在哲学、伽达默尔的哲学解释学那里也获得不同的阐述。这不仅因为他们与胡塞尔有着师承关系，而且生活世界思想本身也是“由海德格尔、萨特和伽达默尔以及其他人在与胡塞尔的不断争论中发展起来的”（黑尔德，2005：3）。

“生活世界”的思想在海德格尔那里得到更为明确而细致的表达。在海德格尔看来，“意义最初的根和源头不在认识关系而在存在关系”（张汝伦，1999：359）。他指出，西方哲学2000多年来一直遮蔽了存在。存在是存在者的显现，存在者的存在是通过此在而得以显现的，此在是在世界中存在。海德格尔对此在的世界体验的论述强调了体验的显现特征，而显现是在时间中显现为存在。时间性又表现为历史性，因此他说此在的“现象学就是解释学”。这说明体验是在时间或历史中的体验，而人的历史性存在与人类的文化、语言密不可分，从而加深了存在的历史感，同时也深化了对生活世界的理解。

伽达默尔继承并突显了海德格尔的解释学思想。他在艺术和审美理解中进一步阐发了“理解的真理”。他认为理解不是主体的行为方式，而是此在本身的存在方式。所以他说：“问题不是我们做了什么，而是什么东西超越我们的愿望和行动而与我们一起发生。”（洪汉鼎，2001：26）这种超越了我们的愿望和行动而发生的东西就是我们的理解，也就是我们未反思的、先有的体验世界。

梅洛-庞蒂也持同样看法，认为传统科学忘记了自己的起源。所以他认为现象学哲学的第一目的“应该是重返在客观世界之内的主观世界，因为只有在这个世界中，我们才能理解客观世界的权利和界限；使物体恢复其具体的面貌，使机体恢复其固有的对待世界的方式”（梅洛-庞蒂，2001：87）。所以，他提醒我们，“在进行反省之前，世界作为一种不可剥夺的呈现始终‘已经存在’，所有的反省努力都在于重新找回这种与世界自然的联系”（梅洛-庞蒂，2001：1）。

无论是胡塞尔的“生活世界”、海德格尔“存在”的原始境域，还是伽达默尔“理解”的真理或梅洛-庞蒂知觉的实存，总之，生命的意义由此生发并构成。“科学的真理，对这种真理的论证恰好可以追溯到处境真理”（胡塞尔，2005b：277）。这个原初的处境就是生活（体验）世界。正是体验使得我们和世界建立起直接的联系。然而近代以来人们对客观科学的迷信导致了对“生活”这个本真的意义世界的遗忘。人文科学研究领域盲目借用所谓的“科学研究”范式，用科学理论建构的世界偷换了这个原初的、直接的，充满了声光、色彩、气味的体验世界——生活世界，从而导致对生命意义的忽视。这种研究范式在教育研究领域中的典型表现就是所谓的“科学实证”研究范式，它们看不到人、看不到师生存在的意义。现象学教育学就是要把教育活动中的体验——这个原初的意义显现世界作为自己的研究课题，从而发现并揭示生活的本真意义，引起人们对生命意义的尊重。

二、实践的认识论取向

现象学主要是致力于可能认识论的发展，但是现象学教育学却指向教育实践。“生活世界”的发现提醒人们，只有回到教育的原初给予性体验中才能够更好地理解教育。教育是一门实践的学问，实践是生活形式（Lebensform）（伽达默尔，杜特，2005：68），是生活给予的形式。教育的实践性就在于其强烈的指向性。范梅南曾提醒过从事教育的人：“（当孩子出生时，）父母由此经历抱着孩子、保护孩子、为孩子而不断自我牺牲和即使一切顺利也不断为孩子担忧的种种喜怒哀乐。……我们的行为已具有教育意义了。”（范梅南，2003：191）教育学不同于其他学科的特点在于教育实践中“先天”的教育意识——希望孩子好的意识，这是渗透在教育行为中的“前理论、前反思的、前科学的”意识。然而，由于近现代主客二分的认识论以及由此发展起来的科学实证主义研究范式的影响，教育学的实践性特征被忽视了，实践性的要素被遗忘了。现象学教育学突出教育学的实践性质，反对教育领域盲目引进科学主义范式和客观认识论的传统，要求以一种实践的认识论看待教育和教育研究。

现象学教育学的实践认识论取向，可以从现象学家的不断对话中发现其理论根源。我们知道，胡塞尔在克服欧洲科学所带来的人文危机中为现象学哲学确立了地位，但他的现象学还原的最终目的是要建立一种“严格的科学”的哲学，要把现象学建立为“一门中立的科学”。所以在面临主体和他人的关系时，他的现象学就无法克服主体唯我论的倾向，从而使他最终走向唯我论的主体性哲学。和他同时代的现象学家马克斯·舍勒以及随后的勒维纳斯（Emmanuel Levinas）、伽达默尔等在对话中纠正了胡塞尔的这种理论化倾向（胡塞尔后期的“生活世界理论”表明了他自己的这种转向），使得现象学从纯粹理论分析走向实践。

马克斯·舍勒不同意实践认识上的二分或对立的思想。他克服了现象学理论化的倾向，更加关注人在宇宙中的地位，认为在人非常漫长的成长过程中，精神和生命都在不断地注入到人的身上，所以必须要把这种注入提升到形而上学的高度。因为没有这种精神和生命的注入，拥有如此这般性质的人就根本不可能存在（弗林斯，2006：255）。他认为现象学关于某物的意识并不是单纯的表象，其中有着完整的精神体验。世界正如它作为“对象”被给予一样，它“在体验中原则上也直接作为‘价值载体’和作为‘阻抗’而被给予”（舍勒，2000b：55）。所以，舍勒提出了一种位格（person）的思想：位格不是对象，位格是活在意向行为的实施之中的。他认为“一个行为永远不会是一个对象；因为行为存在的本质就在于，它只能在进行中被体验并且在反思中被给予。……行为永远不可能在某种形式的感知甚或是观察——无论是外感知，还是内感知——中被给予。”（倪梁康，2002：523）而“德行是位格本身的一种品质。……一切行动和举止均出自于位格，内在必然地发自位格”（舍勒，2000a：155）。

舍勒的位格思想赋予了意识行为以情感、道德本性，为克服传统的客观认识论提供了理论支持。类似地，法国现象学家勒维纳斯为克服胡塞尔唯我论的思想，提出了他者地位的实践思想。

勒维纳斯认为胡塞尔的主体主义现象学“是笛卡儿遗产的一种不明确的继续”（叶秀山 等，2011：1006）。他认为，虽然胡塞尔为克服唯我论而提出了“主体间性”的观点，但是胡塞尔过分注重理论意识的分析具有一种毁灭性结果。因为从主体性出发，我们无法真正构成对他者的相关性，这样他者就只是工具。他者恰好就像是镜子，自我在其中看到自己，这样无法保卫那个彻底的他性。所以他认为胡塞尔的主体性分析中没有他者的地位。他认为“无论如何，哲学研究不能满足于对自身或对存在的反思”（莱维纳斯，2000：689）。因为“人类在他们的终极本质上不仅是‘为己者’，而且是‘为他者’，并且这种‘为他者’必须敏锐地进行反思”（勒维纳斯，2002：121）。因为“他者的面孔叫我关注正当性，关注正义。……他者的眼睛毫无戒备地看着我，并叫我做出反应。……毫无戒备的面孔超出所有的工具性，而且超出一切决定性，因为它并没有构成一个规定性的目标或者目的，（从而使）这个目的最后可以被理解、掌握和包容。……真正的‘在……之间’是一个自我和他者之间的正义的伦理方面”（叶秀山 等，2011：1017）。所以勒维纳斯非常欣赏苏格拉底的对话，认为苏格拉底在一开始就对他者保持一种开放性。这其中包含着的是一种爱的重要性，强调一种被动性的力量，强调他性、客体、被动性，从而克服先验现象学退回到以原初的我性为根据（叶秀山 等，2011：1018）。

面对西方近代以来科技理性造成了人性异化，伽达默尔强调交往中践行的智慧，即实践智慧。他认为，人类行为中最重要的东西是要把“你”作为“你”来经验，如果没有“一种彼此的开放性，就不能有真正的人类联系”（加达默尔，2004：469）。他指出，“哲学不能放弃这样的主张，即它不仅要认识，而且还要获得某种实践效果”（严平，1998：194）。传统解释学把理解、解释（包括翻译）和应用看作不同阶段，认为人们是先理解，然后在解释的基础上再应用。这是主客二分认识方式的反映。伽达默尔在解释学历史的探索中阐发了他的实践思想，即“理解和对所理解东西的正确解释的现象，不单单是精神科学方法论的一个特殊问题。自古以来，就存在一种神学的解释学和一种法学的解释学，这两种解释学与其说具有科学理论的性质，毋宁说它们更适应那些具有科学教养的法官或牧师的实践活动，并且是为了这种活动服务的”（洪汉鼎，2001：17）。因此，理解总是包含着对被理解的意义的应用，应用乃是理解本身的一个要素。这样“应用就不仅仅是某种对‘理解’的‘应用’，它本身恰恰是理解本身的真正核心”，所以他说“解释学是实践哲学”。伽达默尔希望借此恢复亚里士多德的实践智慧传统，使解释学走向人类的美好实践。因为实践智慧就是“一种与正确计划相联系并坚持正当行为的践行能力，而这种践行的对象是那些对人善与不善的事物，……良好的践行本身就是目的”（洪汉鼎，2001：314）。实践智慧本质上是一种精神品性。“这种品性是关于应当做的和不应当做的区分，始终包含着适当和不适当的区分，并且由此假定了一种继续加深这种区分的社会习俗上的态度。”（加达默尔，2004：27）

舍勒、勒维纳斯、伽达默尔等现象学、解释学思想家的伦理实践思想为克服西方传统认识论的主体中心主义提供了一个新的维度，即要从实践的认识论来理解人类交往现象。这为我们理解教育实践和教育研究提供了新的启示。教育作为一种生活形式，其本质是教育者和处在教育关系中的儿童、年轻人之间的生活方式。因此，教育首要的条件是希望孩子好的意识。教育之所以存在就是因为存在着这种代际传承和希望。我们可以从父母和孩子之间的恰当关系来理解教师与学生之间的教育关系。现象学教育学从实际生活所给予的教育意识出发，认为教育倘若没有了这种对学生（孩子）的爱和关注，如此这般的活动便不再是“教育”，而只能叫作“培训”或者“经营”“产业”等活动。研究是对实践的反思，教育研究是为了更好地理解并参与到教育之中，倘若教育研究缺乏这种实践意识，则脱离了教育的原初目的。因此，范梅南特别强调现象学教育学研究要始终保持一种强烈的教育指向性关系（范梅南，2003：41）。

三、本质直观的方法论

现象学研究要从教育情境出发，理解孩子们的生活体验，努力揭示这些情境体验对他们生存和成长的意义，从而展示现象的本质或结构特征。

生活体验研究的理论从来源上可以追溯到胡塞尔的“生活世界”概念。“生活世界”是胡塞尔在晚年提出的一个现象学概念，它是一个原初的自明性的领域，是预先给定的世界，总是有效，并且预先就作为存在着的东西而有效。“生活世界”作为“被给予的世界”，是一个稍纵即逝的体验流，具有即时性、体验性、非反思性、非课题性等特征。生活世界作为“直观的世界”，是通过知觉实际地被给予的、总是被经验到的世界，即我们生活于其中的日常生活世界。在此意义上，生活世界也可以被称之为“知觉世界”或“经验世界”。如果说“客观的”“真实的”科学世界是一个不可被实际地知觉和经验到的理念化的、逻辑化的世界的话，那么直观的生活世界则是一个在各个方面都能被实际地知觉和经验到的“主观的”、自身被给予的世界。在胡塞尔看来，生活世界并不是为某一个人所独有的世界，而是我们所有人所共同拥有的世界，是一个“共主观的”（intersubject）世界。世界并不是为个别人而存在着的，而是为人类共同体而存在着的。世界是一个普遍的、为大家所共有的关于实际存在着的事物或事态的“视域”。

我们知道，由于近代科学的巨大成就，人们太多地趋向于过高地评价间接的方法，并且误认直接方法的价值。[①] 胡塞尔认为，只要哲学是在向最终的起源进行回溯，它的方法本质恰恰在于“它的科学工作是在直接直观的领域中进行；……借助于正当意义上的哲学直观，借助于现象学的本质把握，一个无限的工作领域便显露出来，……获得大量最严格的并且对所有进一步的哲学来说决定性的认识”（胡塞尔，1999：70）。这种哲学直观是现象学最基本的方法，也是现象学唯一的操作方法。

在西方近代哲学传统中，一般把“直观”理解为“感性直观”，且只能把握个别的具体事物。但是胡塞尔认为，在认识活动中，我们除了对个别对象的意识指向外，还有一种特殊的对观念对象的意指活动，它与感性直观提供的被给予发生联系，但它不指向感性材料，而是直接指向感性材料的一般之物。这就是本质直观[②]，又叫范畴直观或观念直观[③]。感性直观为人们提供个别事物作为思想对象，它是发现观念对象的基础。通过本质还原（eidetische Reduktion）或观念直观的抽象（Ideation），我们就获得了“观念之物”（Ideales）或“一般之物”（Allgemeines），即爱多斯（eidos）。胡塞尔认为，观念之物在本质上存在着，但并不是像柏拉图所说的那样实在地存在着。“观念是在感性材

---

① 阿伦特也批判地认为，“自柏格森以来，视觉隐语在哲学中的使用逐渐减少，这并不令人感到惊讶，因为重点和兴趣意见完全从沉思转到语言，从 nous（直观）转到 logos（语言或逻辑）。随着这种转移，真理的标准也从知识和它的对象一直转到思维的纯粹形式，其基本的法则是矛盾律和同一律，也就是说，康德理解为纯粹的‘真理的消极试金石’”（阿伦特，2006：134）。

② 本质直观可以分为类本质直观和范畴直观。前者例如，我们通过各种各样的桌子而把握桌子作为桌子的本质；后者表示对一个判断或一个事态的本质直观。这里暂不做这样的区分。

③ 例如，对“那本绿色的书在桌子上的那些纸下”这样一个事态，我们能够直观到那本绿色的书躺在桌上的纸下面。但是，只有依靠一种更高级的活动，这种活动建立在对绿色的书、纸张和桌子的知觉上，意向才能够超越这些对象，即它们的关系和统一。即使对范畴性对象来说，意指和直观两种给予形式之间的区分也是相关的。因此，胡塞尔扩大了直观的概念：我们不仅能够说感性直观，我们也能够说范畴直观。就形式上说，直观就是将对象自身亲身带给我们的活动，而且这个活动通常要求复杂的知性运作。即使理论论证或者概念分析，只要它能够带给我们达到了本源的给予性的事态、本质特征或者抽象证明，也被看作直观。直观不必然地是感性的、朴素的或者非推理的（扎哈维，2007：33）。

料的基础上，在改变了方向的意指中‘出现在我们眼前的’，它是‘被给予的’，所以是直观性的”。胡塞尔认为，我们在“范畴直观”中可以把握到所有观念的、范畴的对象。“现象学的根本任务在于：在各种不同的实在内容和变动不定的意向内容中直接直观地把握其中不变的本质，把握其中的本质要素和它们之间的联系。”（胡塞尔，1986：14）

现象学不是以事实、以在个别人那里可以经验地确定的意向体验以及对象的个别情况为研究课题，而是以对所有意识都可以显现为可能性的经验和对象的本质结构为目标。本质结构只有通过本质还原才能够被认识。现象学可以借助于这种方法而抛开事实，只关注它们的普遍规定。本质可能并非一次性呈现，现象学对本质的把握是一个需要不断努力“看”或“注视”的过程。为了把握现象的本质，我们需要摆脱经验偶然性的方法。胡塞尔称其为自由想象的变更，或本质变更。变更是指在自由想象中创造出多种多样的例子，使它们展现在意识面前。这些例子既可以是经验到的事物的例子，也可以是没有经验到的或想象的事物的例子。胡塞尔认为完全可以通过任意的自由想象创造出在原则上可以“开放无限”的例子，从而使之成为本质直观的基础。在想象中事物“显现出自身是这样一种东西，没有它，这一类的对象就无法想象，就是说，没有它，这类对象就无法直观地被想象为这类对象”（胡塞尔，2005c：233）。这样就可以确定在所在变化过程中使事情始终保持同一的本质。

本质直观的目的就是要确立本质的明见性。现象学仅仅接受直接地给予意识的东西，这是自明性的范围，是不能论证或演绎的。“企图通过对一种非直觉知识的逻辑推理来阐明可能性（而且是直接的可能性），这显然是一种背谬。”（胡塞尔，1986：37）直观本身是不能用任何标准来进行检验的，相反，直观本身就是明见性，它是检验其他任何非直接认识的标准。现象学的原则之原则就是直观。因此我们不要为任何可想象的理论所迷惑。我们必须看到，任何理论最终只能从原本的被给予中获得其真理。所以说，本质直观“伸展得有多远，我们现象学的领域，即绝对明晰性的领域、真正意义上的内在领域也就‘伸展’得有多远”（胡塞尔，1986：14）。这就是现象学分析的特征：“向前迈出的每一步都会提供新的观察点，在这些新的观察点上，已经被发现的东西又以新的面目显现出来，以至于在开始时被认为单纯而无别的东西，后来则常常会表现得极为复杂而有别”（倪梁康，1994：55）。现象学的任务就是在纯粹的明见性或自身被给予性的范围之内探究所有的被给予形式、所有的相互关系，并且对这一切进行解释性分析（胡塞尔，1986：17）。

现象学的方法迫使人们去严格地思维和精确地描述。这可以从胡塞尔、海德格尔、萨特以及梅洛-庞蒂等现象学家的著作中看出。现象学要求尽可能忠实地描述现象，或者说忠实地分析各种各样的判断，将那些在直观中被把握的本质和建立在这些本质中的本质联系描述出来。因此，现象学研究中需要描述很多具体事例和具体经验，但其目的“不是对直接经验的回归，（因为）我们回归不到直接经验”（梅洛-庞蒂，2002：43）。其目的是要展示生活经验的本质特征或结构。

为了展示这些结构特征，研究需要提供具体实例，即在实例的“自由变更”中，让读者在直观中“看”到现象的本质结构。由于现象学研究的这个特征，拜滕迪克称现象学研究为“实例的科学”。由此人们也把现象学研究的文本看作“由实例组成的实例”（范梅南，2003：160）。在我的研究中，读者将会发现很多精心选择的有关表扬与批评的情境或故事，我的目的就是希望通过这些具体的实例让读者“看到”现象的本质。例如，在表扬的“渴望地位身份”这一主题中，我提供了学生渴望“优秀”，以及渴望当各种“星”，如“劳动之星”“希望之星”等实例，还通过提供孩子们相互比较来突显自己地位的实例，以及相关反例，来让读者看到这方面的特征。

现象学文本揭示的意义在很大程度上是通过读者来判断的。一篇成功的现象学描述应该能够让大多数读者频频点头，即所谓的“现象学点头”（phenomenological nod）——读者可以发现我所描述的体验是自己曾经拥有或可能会拥有的[①]。现象学文本有时也能够激发读者对陌生经验的好奇和对他人理解的愿望。

四、小结

现象学及现象学运动给哲学及其他人文社会科学界带来了重大而深远的影响。它使得我们对教育研究的本体论、认识论和方法论有了新的认识和理解，为教育研究带来了新的视角。现象学让人们看到，传统所理解的客观世界有着更为深邃的本源境域、实际发生领域——生活世界。“离开直观的‘生活世界’，任何科学论断都是无法证实和证伪的，而且也是毫无意义的。”（倪梁康，1994：134）现象学教育学研究就是要把这种本源性的教育现象重新带入现实，把人们遗忘的生活世界带入存在，让人们在普通的日常生活中发现生活的本质及其意义。现象学启示人们不要用“客观的、科学的”认识方式来看待教育，而是从生活本身，从教育的生活形式的原初模式中理解教育的本质。教育者要始终保持和儿童的教育关系。因为教育的本质特征在于它所面对的是正在成长中的人，其中教育意识——希望孩子好的意识，始终统领着教育的行为和意识。教育就是为了他人好的缘故，同时也

① 这样的“点头”也只是一种可能性，而且需要读者尽可能不带有任何偏见地阅读现象学文本，即要先抛开方法的约束，直接投身到现象的理解和对话中去。当然，这些体验结构也只能是一种可能性，而非必然如此。而且我相信，还有其他很多结构化方式。另外，读者在阅读我后面文本中的实例时，也未必会认同所有的实例。这很正常，因为每个实例不可能纯粹只展示某一个方面的特征。这里需要提醒的是，我们始终要把握现象学研究的特点：现象学是对本质的研究，研究力图揭示的是现象的本质结构或特征。这些经验事实只是为了让读者“看”到本质结构的某个方面，起到直观、充实的作用。现象学研究的目的不是展示这些经验事实，而是通过这些经验事实“看”本质特征。当然，现象学研究也不可能把所有的判断权利都交给读者。这一方面是因为读者群体太广泛，背景差异较大；另一方面是因为研究者也有自己的历史和学术背景，以及可能的不同层次的对话群体。

为了我们的世界更加和谐。现象学教育学努力消解教育理论（研究）与教育实践脱离的矛盾，认为教育事业是“实践—理论—实践”这样一个不断循环的过程。实践引起反思，反思为实践做好准备，如此不断（van Manen，2003）。反思就是思考他人的体验和自己的理论（研究）及实践之间的关系，并在此基础上努力超越现有的实践。这是现象学教育学研究的目的，也是教育者的使命。

第四章 现象学教育学的研究方法

能够信任自己的体验同时又不盲从，这是一位成熟的治学者的标志。

——C. 赖特·米尔斯（C. Wright Mills）《社会学的想象力》

现象学教育学反对将自然科学的研究方法简单移植到教育研究中，认为这种操作过分注重研究方法和技术，忽视了教育的日常生活意义及教育的实践性特征。我们在期刊、学术会议上常常可以看到，“很多本该是有趣的文章，而且题目听起来也非常有意思，但内容却往往并不像所期望的那样丰富。这些文章很少关注人文方面的事情，相反，它们迷恋于方法的谨慎、测量和统计分析。当你拿起其中一篇文章开始看时，就好像事先被允诺可以得到一枚新鲜的李子，而结果却只得到一个李子干一样。由于谨慎和严密，汁液反而跑掉了”（Barritt，Beekman，Bleeker，et al.，1983：5）。

现象学教育学认为这种“李子干”式的研究是一种脱离“教育实事本身”的研究，这样的研究只是研究了“实事本身”的某些缩小了的变量而已。这里可以通过三个简单的、偏离实事本身的事例来看看生活的“汁液”是如何跑掉的。

（1）有人想更多地了解儿童是怎样学会阅读的，于是研究儿童区分字母 T、I、L、X 的能力，然后把儿童的得分与所测的阅读水平联系起来。

（2）有人想更多地了解优秀教师的特征，于是选择了一群曾经在态度、倾向性测试中得分很高的教师，然后用 10 个指标来指导观察。

（3）有人想了解儿童的兴趣与学习成就之间的关系，就研究考试成绩、兴趣评测和成绩测试之间的关系（Barritt，Beekman，Bleeker，et al.，1983：6）。

从这三个例子可以看出，“实事本身”在被研究之前就已经被缩小了，只是限定在几个变量之中，而现象的整体性却被分解了。现象学教育学认为，直接把自然科学方法嫁接到教育问题的研究中，其结果往往是事情本身（如儿童的阅读、教师的行为）没有被研究。

现象学教育学研究努力克服教育研究中的这种简化、经济原则，它要在教育的情境中整体地把握教育经验的意义，而不是仅仅研究一组预先选定的变量。现象学“回到实事本身”的态度和方法，要求教育研究“回到教育生活本身”，在研究之前不要先下诊断（prescribe），而是要“悬置”前见，关注事情本身是什么样子，将事情如何在意识中显现“如其所是”地描述（describe）出来，让人们看到事情本身“是什么样子”，以恢复教育生活的本来面目。现象学教育学研究就是要努力呈现这样的“鲜李子”，避免仅仅提供一个“李子干”。

一、研究的一般程序

现象学教育学研究关注每个人都有或可能有的经验以及这些经验的生命本体意义。对生命意义的理解不应该受实证科学方法的限制，而应该诉诸我们的直观，以获得明证性的理解，否则其价值就会大大降低。伽达默尔正是在此意义上认为现象学（解释学）的方法就是没有方法（范梅南，2003：36）。不过，作为一种人类有意识的认识活动，这种通向真理的“非方法大道”对于学院里的教育来说，是不能令人满意的。因此，很多现象学家都在努力探索教学的途径。

虽然现象学运动的哲学家以及应用现象学的人文学者们对现象学方法的理解和应用不尽相同，但美国学者赫伯特·施皮格伯格提出，任何自称为现象学方法的研究至少需要满足以下三个要求（Spiegelberg，1975：267）：

（1）必须从直接探究呈现在我们意识中的被经验的现象开始，特别要关注它们呈现的方式，而不怀疑它们真实与否；

（2）必须抓住这些被经验到的现象的本质结构以及现象之间的根本关系；

（3）探究这些现象在我们意识中的构成，即这些现象在我们的经验中成形的方式。

由此可见，现象学研究不是一种神秘主义，它本质上是一种诉诸直观的意向分析。如胡塞尔所说，“要想阐释与那些特属于每个对象种类的视域相关的可能性结构并且随之而说明各个存在的意义，就必须进行最为广泛的和最为复杂的意向分析”（转引自倪梁康，2000：20）。

现象学方法是研究意识经验，并努力展示和理解这种经验的发生过程及其意义的一种方法。现象学方法不是从一个普遍的理解开始研究，而是从一个现象或体验本身开始研究。美国密歇根大学的巴里特形象地说：“现象学研究就像我们中途去看一部电影。”（Barritt，Beekman，Bleeker，et al.，1983：57）为了理解这部电影，我们需要问这样的问题：故事的内容是什么？它是从哪里开始的？哪些部分重要？哪些部分不重要？

马克斯·范梅南认为，现象学研究起始于情境，是“对嵌入在这个情境中的一个典型的意识节点的分析、阐释和说明”，以可以理解和描述的方式揭示这个现象的一般结构（范梅南，2003：22）。范梅南为此提供了一套基本操作方法和程序：

（1）关注一个深深吸引我们并使我们与世界相联系的现象；

（2）按照我们对它的体验进行探究，而不是对其进行概括；

（3）反思揭示现象特点的根本主题；

（4）通过写作和改写的艺术方式来描述这一现象；

（5）保持与这一现象的强烈而有指向性的教育学关系；

（6）通过考虑部分和整体的关系来协调整个研究。（范梅南，2003：38）

不过，学者们也一再提醒，现象学方法或方法论并不意味着规定性的操作程序或者研究模式，而是激发聪明才智，鼓励深刻洞察。实际上，即使制定了一个研究程序，在实际操作中也不可能按部就班地去执行。现象学研究需要研究者将现象学的方法和精神融会到自己的个性化操作中。

二、资料收集

（一）一般资料收集方法

资料，或者说经验材料，对于任何研究的重要意义是不言而喻的。因此，如何获得丰富而有力的经验材料，对现象学研究来说是至关重要的。丰富而翔实的经验材料能够帮助我们更好地理解现象。因此，想方设法获取尽可能多的经验材料是现象学研究的首要工作。

现象学家认为，一个人描述的自身生活经历也是可能发生在他人身上的。所以，研究一般以个人的体验为起点，尽可能以直截了当的语言来描述当时的体验，而不做任何原因阐释或概括总结。现象学认为，个人经验也可能是人类的共同经验。就此而言，现象学的描述具有普遍的跨主体间性的特征。

收集他人对亲身体验的描述是经验材料的主要来源。通过他人经验以及对其的反思，可以更好地理解人类经验在某些方面的深层意义。可以通过让被研究者写出自己的体验来收集经验材料，但这通常是比较难以做到的。除了时间上的原因外，写作总是让人处于反思状态，而口述则相对容易很多。所以访谈比要求对方写作要容易。在现象学研究中，访谈除了要精心筹划外，更重要的是要发展一种对话性的关系，以便深入理解对方的意向所指，同时就某一经历的意义进行探讨。从他人那里获得资料的第三种方法就是近距离的观察。特别是对于不能很好地表达自己体验的孩子，这种方法尤为重要。这种观察需要研究者深入其中，成为参与者，同时又能够对情境保持一定的敏感性。

传统的社会科学研究把文学从资料收集中排除出去了，认为小说和随笔等作品是“不科学的”，对它们的真实性不予考虑，不把它们当作“文献”的一部分。但是，文学、艺术的资料为我们提供了很多理解超出日常生活经历范围的鲜活的生活例证。因此，现象学研究不仅把传记、个人生活史，以及日记、札记和笔记作为理解生活经验的资料来源，而且把文学、诗歌或其他故事等，甚至各种形式的艺术都作为资料的源泉，从而提高和丰富对实际经验的理解。

现象学文献往往会解决困扰我们已久的主题或问题。虽然我们不一定总能找到特定主题的现象学资料，但相关的资料也是非常有启示意义的。研究要重视已有的现象学文献，但不能限制在文献中，要和已有的现象学文献发展一种“对话的关系”。已有的文献常常会让我们发现自己在解释过程中的不足，从而努力进行超越。但是，对查阅现象学文献的时机需要慎重选择。一开始用个人的观点解释一个现象的意义会更合适。这样的话，可以用已有的研究来审视自己的研究，更容易展开对话，从而发现自己理解的优势和不足。倘若未经深思就过多查阅文献，往往会使得自己失去思考的可能性。

语词探究和追溯词源也是现象学研究获取对某些现象理解的重要步骤。因为许多曾经反映出生活意义并描绘了生动的世界的语言，现在可能已经面目全非或者发生了转变。对词源及本义的探究，可以帮助我们理解语言所表达的最初的生活经验。此外，也有许多生活经验反映在俗语、习惯用语中，对它们的研究也是理解现象的资料来源。

（二）表扬与批评研究的具体操作

现象学研究的资料收集工作是一个持续不断的过程。从时间上来说，资料收集过程几乎覆盖了表扬与批评研究的整个过程。实际上，在初步确定选题之后，相关的资料收集工作就已经开始，而且从未间断过。

本研究所需要的生活经验材料主要通过观察、访谈、学生写作（包括研究者自己写作）等方式获得。在研究过程中，或者说在预研究过程中，我先是进行自我反思，同时研究身边的人，从而加深对表扬与批评现象的理解，并形成进一步的访谈提纲，然后在此基础上设计下一步收集资料和分析资料的方法。

1. 反思与自我写作

反思一方面指反思自己曾经受到过的表扬、批评的经历和感受，并尽可能把它们描述出来；另一方面指反思在日常生活中所观察到的各种表扬、批评的情景。自我写作除了提供资料外，更多的则是具有方法意义，即通过自己的反思写作进行自我澄清，并在写作中洞见到更多的东西。反思与自我写作不是一次性完成的工作。随着访谈和写作的深入，研究者会不断地回忆起更多的东西。因此，任何时候研究者自己都是现象的理解者、资料的见证人。从这里我们可以看出，现象学研究是以研究者本人作为研究工具的，这也是质性研究范式的共同特征之一。

2. 获取熟人的资料

获取熟人的经验材料相对容易。本研究中主要是通过访谈获得他们有关表扬与批评的经验材料。条件允许时，我在访谈之后还要求他们把有些部分写下来，这主要取决于对方情况以及我们之间的关系。一般人都不愿意自己写。有时候，我会帮助整理，然后通过各种途径让他们阅读、修改；还有些人的资料则是通过观察获得的，有些观察还需要结合访谈来进一步确定或者充实。

3. 获取中小学生的经验材料

中小学生的经验材料是最主要的资料来源。最初，我是找一些中小学生交流、谈话，这类似于上面的熟人访谈（上面的熟人访谈也部分地包括中小学生访谈）。在获得一些资料的同时，访谈也为进一步收集资料提供了有益的启示。随后，我主要是请一线教师帮助收集学生的书面材料。我把设计好的写作提纲交给老师们，请老师布置学生写作一次具体的被表扬或被批评的经历。例如，“记一次家长会的体验（有关表扬或者批评）”，或者“一次作业中的批评（或表扬）”，等等。我主要是根据研究进度和已有的主题以及进一步研究的需要而设计相应的题目和要求。这种方法的优点是能够一次性获得大量的学生经验材料，而且往往会有意料之外的经验材料，能够获得很多有益的启发。其不足之处是学生写作的深度有限。当然，这还取决于如何设计写作题目和要求，以及老师和学生的配合。在条件允许的学校、班级，我针对个别学生的情况，会把整理后的稿子返还，让学生自己或老师修改、充实。在收集这部分材料时，我也对部分老师、学生做了访谈。这包括阅读他们写作材料之后的追踪式访谈，以及就某个方面的体验和其他学生交流。本研究资料收集的目标群体较为广泛，地域上包括北京、广东、安徽、新疆、山东、河北、台湾等地，有农村也有城市，其中多数是城市学校的学生。

为了获得更多的观察资料，我还选择了三所学校的三个班级作为观察对象，以便和学生、教师及家长接触，从而检验已有的发现以及为新的发现提供可能。另外，我还利用做有关教师实践性知识的课题（陈向明教授主持）和参加深圳中小学绩效评估的机会收集了一些经验材料。

4. 获取大学生和成人的经验材料

这里主要是对大学生及其他成人进行访谈，让他们回忆中小学时期的经历。有了距离之后，往往认识更加深刻。

5. 其他资料来源

现象学研究接受一切有助于我们理解现象或他人体验的材料，因此，本研究也非常关注小说、诗歌、故事等文学作品中涉及表扬、批评的体验描述或分析，而且把传记、笔记及各种形式的艺术作品都作为理解现象的资料来源。

（1）各类文学艺术作品中的表扬与批评的材料或者涉及相关主题的材料都是本研究的资料来源。

（2）词源探究。汉语和英语两种语言中的词源以及词语结构都是本研究分析相关主题的资料来源，它们都是理解现象特征的生活源泉。

（3）已有的现象学研究以及相关的研究（包括现象学哲学、现象学教育学、现象学心理学等）中有关表扬与批评的描述及分析，或者涉及表扬与批评研究中各种主题的描述和分析等，都是本研究的资料来源。例如，齐美尔（Georg Simmel）关于害羞的描述，海德格尔关于怕的分析，等等。

（4）其他如社会学、心理学等领域的著作以及相关的研究也是资料的来源。

（5）另外，网络资料，如相关的微博、博客、论坛等，都是本研究关注的资料来源。

三、主题的提炼

当我们接触到或思考、想象一个（种）现象时，常常会为现象的丰富性或多样性而感到困惑。主题为理解现象提供了一种确定的表达方式，它是理解现象的手段。如同我们用语词、概念传达我们的思想一样，我们用主题来把握现象的维度、特征及结构。主题是揭示现象的方方面面特征的手段。生活体验的整体性与语言描述的片面性、线性之间的矛盾，需要我们用很多的主题来揭示一个（种）现象，而这些众多的主题具有一定的层次和结构。在某种程度上，我们对现象的还原就是通过这些主题来实现的。因此，提炼主题就成了现象学研究的核心。例如，我在研究批评现象时，收集了很多的经验材料（学生有关批评体验的写作）。每个具体经验情境都不相同，而且不同经验材料往往差异很大。这些不同的材料可能具有相同或相似的主题。例如，从很多材料中都能够发现“害怕”的体验。因此，“害怕”就可以作为其中一个主题。每一个描述体验的材料不可能只有一个主题。我们在一个典型的体验描述中能透视出很多方面的主题。这些材料都是后面实例写作的基础。这样，通过这些经验材料，我们把一个个主题揭示出来，从而逐步建构起该现象的“骨骼（本质结构）”，或者说这样就可以揭示该现象的特征或本质结构。①

① 不过，这里“被分离的本质是语言的本质”，因此，对本质的理解应该把它“和本质一起带回体验的所有的活生生的关系，就像鱼网从海洋深处带回活蹦乱跳的鱼类和藻类”（梅洛-庞蒂，2001：11）。“本质”需要放到存在的意义上去理解。在存在论意义上，事物的“本质”可以理解为存在者的去存在（Zu-sein），那么存在者“是什么”（essentia）也必须从它怎样去是、从它的存在（existentia）来理解（海德格尔，1999：49）。因此，这里的“本质”就是显现为存在的“意义”。存在者的“存在”需要从此在（人）那里理解。这也就是胡塞尔后期所提出的“生活世界”思想，而这在存在意义上就是生活体验。

（一）形成主题的方式

形成主题的方式可以简单地分为“自下而上”和“自上而下”两种。前者是指在经验中，在具体材料或者观察当中发现或形成主题，后者是指我们在前人已有理论的启明中发现的或受到其他已有思想启发而揭示出来的主题方面。例如，在研究批评现象时，我们可以从很多人的体验中发现批评会造成被批人不同程度的“害怕”。“害怕批评”可以作为理解批评的一个主题。这样的主题是通过“自下而上”的方式发现的。我们还可以从哲学家对人的生存分析中获得启示，即从生存维度上对批评体验进行主题分析。在存在哲学分析的“理论之光”的照亮下，我们在经验材料中发现了批评的“时间体验”“空间体验”“身体体验”“关系体验”等主题。这些主题可以说是通过“自上而下”的方式形成的。需要注意的是，这里的“自上而下”并不是简单地套用前人的理论或模式，我们必须根据经验材料，也就是人们的实际体验，通过我们的洞察来确定。对每一个可能的主题，都要结

(接上页注)

当我们把“本质”放回存在中理解，“本质”就是在人那里所显现出来的“意义”。“意义”具有流动性的特征，它并没有一个固定的结构，而本研究中对“意义”结构的展示也不能声称就是现象“意义”的内在结构。例如我在文本中所建立的表扬与批评意义的各个维度，它们只是我力图更加丰富地理解表扬与批评而建立起来的一种表达“意义”的方式。“意义”的描述就如同我们给天空中的星座命名一样，其目的是帮助我们认识和理解。离开我们人类所赋予的意义，那些星座之间并没有本质的联系。这只是人类认识宇宙、把握宇宙的方便路径而已，只是在无序当中寻找有序的表达，在不确定中寻找确定性的理解。

《易经》有曰：“书不尽言，言不尽意。”我们不可能通过文本（语言和主题化的结构）就把一个现象的意义完全表达出来。语言只是一种方便路径，作为生命体验核心的“意义”需要在读者那里重构。斯丹利·费希（Stanley Fish）提出“意义是事件”的观点，认为意义或者理解是读者阅读“事件”的结果（朱立元，1997：276）。他的观点表明了“意义”的生命特征。因此，读者的潜在能力对于理解文本也是非常重要的。文本对意义的表达并不能建立意义的连续性。“意义是事件”所表明的是，“意义”需要读者去填补，读者需要用自己的经验建立起对“意义”的连续性理解。伊瑟尔（Wofgang Iser）的“文本的召唤结构”表达的就是这样的思想。“文本的召唤结构”指文本具有一种召唤读者阅读的结构机制。伊瑟尔将文本句子结构和意向性关联物的非连续性称为“空缺”，并强调空缺也是文本召唤读者阅读的结构机制。文本不断唤起读者基于既有视域的阅读期待，但唤起它是为了打破它，使读者获得新的视域。如此唤起读者填补空白、连接空缺、更新视域的文本结构，即所谓的“文本的召唤结构”（朱立元，1997：295）。

合我们的体验进行审慎地思考。例如，当我们思考批评的“空间体验”时，就觉得有些空洞，没有具体材料支持。而我们却能够发现很多描述批评“气氛”的经验材料。因此，可以用批评的“气氛”，而不是机械地沿用“空间体验”来揭示批评现象的主题。不过，这两种形成主题的方式也不是截然分开的，二者经常交织在一起，而且经常相互启发，形成螺旋上升或者循环发展的关系，从而逐步帮助我们深入理解现象的深层构成。

（二）主题的时代性

学术是一种延伸的对话，不同时代有着不同的话语。在确定主题的过程中，关注时代话语非常重要。因为，我们的生活世界是一个不断地被文化化的世界，描述生活世界的话语也不断地在文化历史中沉淀，有些话语成为隐性的话语或成为背景，有些则成为时代的、显性的话语。这些话语影响了我们的体验（例如，对大地的体验，现代人把它体验为近似球面，而不再是古代的“天圆地方”）。每一代人都有自己的时代话语，学术研究也有一定的周期性。专业化实践和学者表达观点的方式更是受到这些话语的影响。这些话语构成了学者们的前理解和对话的基础。例如，“身体”“时间”以及“身份”这样的概念，在今天被给予更多的关注。我们在研究批评现象时也能够发现这样的主题。虽说我们也能够在有关批评的经验材料中发现这样的主题，但是由于时代话语的提醒，我们会更容易发现它们。或者反过来说，其他一些方面和维度，很可能成为背景而被我们忽视，因为它们不属于我们的时代（而这可能恰恰是本研究的缺陷，或者说是后人研究的空间）。毕竟，语言是表达思想的，时代的思想需要时代的语言去表述。关注时代话语并不是赶时髦，时代话语有时候体现的是时代的视域和界限，而且它经常与特定时代所关注的实践联系在一起。它们不仅是学界对话的基础，也是学术共同体关注的话题。不过，作为有创造性的研究者，在关注时代话语的同时也要对其进行超越，即我们要超越时代话语所遮蔽的东西，看到新的维度，揭示新的主题，进一步创造新的话语。

（三）主题的开放性

主题分析不是一蹴而就的，它贯穿于整个资料收集和文本写作过程之中，是一个创造性发现且不断揭示的过程，是对意义不断追求的过程。因此，在提炼主题的过程中需要保持一种对事物的开放态度。这种开放不仅要打破学科限制、学术圈的限制，将能够更好传达意义的概念、维度吸纳进来，拓展思维的宽度，而且还要深入到对特定现象体验的群体当中，将属于他们的特定概念和表述提炼出来，或者说将“本土概念”纳入主题思考。另外，为了能够更加深入地理解现象，我们需要把一些已经形成的主题拿出来公开讨论，例如在再次访谈或后面的访谈中，和参与者就其进行讨论审查，从而克服研究视野中的局限并设法超越。这样的审查工作还可以在同事之间，或在研究共同体中，或在向其他人士咨询中进行。现象学研究就是通过这样“做”的方式来逐步深入的。

作为一项研究，我们不可能也没有必要揭示现象的所有方面。因为现象的丰富性不是我们的语言所能够全部揭示的。我们无法“还原”现象，但我们可以通过主题的方式在某种程度上把握现象的主要特征或结构。在某种意义上，我们可以把主题比喻为渔网的节点，通过这些节点，我们才能够将经验材料编织成渔网；我们也可以把主题比喻成天上的星座，借助于它们，繁杂的星空（现象）就可以被我们有条不紊地认识。

四、写作实例

现象学的文本要能够让读者“看到”现象。一篇成功的现象学描述应该让读者频频点头，即产生所谓的“现象学点头”效应。读者可以发现研究所描述的或揭示的就是自己曾经拥有或可能会拥有的体验，产生似曾相识的感觉，或引发共鸣，或表示认同。能够产生这样的效果，除了研究者深刻的洞察和分析外，更主要的是研究者所提供的实例具有揭示的力量。现象学实例充盈着现象的意义，丰富了读者对现象的理解。现象学文本本身就是一个实例，即通过丰富的描述分析让读者“看到”现象本身。例如，舍勒对羞、怨恨的描述分析，海德格尔对此在存在的揭示，等等。

现象学研究中的实例主要是带有情境描述的故事或轶事。在现象学文本的创作中，它们就是表达主题的经验材料。实际上，为了从多方面透视现象，现象学研究中经常使用很多展示现象意义的方法，如追溯词源，或通过概念史的方法来加深对现象或主题意义的理解。从某种意义上说，追溯词源、俗语等方法也是从另外一个角度给出现象的“实例”，即从“原初的视角”或者过程、经历的视角理解现象或现象的主要特征。因为这些都属于我们的生活世界。

日常经验实例的选择与撰写需要研究者具备一定的洞察力和表达力。这些实例可以是日常生活当中很小的事情或者细节，并不一定要求很长，关键是要能够指向主题所表达的意义，或者说能够展现主题意义，从而帮助我们理解或“看到”现象。因此，如何选择和写作富有揭示力量的实例对于现象学研究非常重要。

（一）实例的维度

现象学文本要深入地揭示现象，就要为读者提供多维度的实例，从而让读者能够“看到”现象的方方面面，对现象进行细致的区分。例如在上面提到的“害怕批评”的主题，“怕”体现在哪些具体情境中呢？面对众多的材料，我们需要归纳提炼，尽可能地从多方面来展示材料，从而揭示现象的各方面特征。下面是从“怕”的时间、空间、身体、关系等四个维度来展示“怕批评”的实例。

怕批评的时间体验：

我心中暗自祈祷，希望时间一分当成一秒，赶快脱离这个“唾沫满天飞的苦海”。于是，我满脑子如来佛、孙悟空、猪八戒……，老师的话一句也没有听进去，只有最后一句记得特别清晰：“你可以走了！”

怕批评的身体体验：

在这个如此先进的时代中，为什么没有发明隐身术、隐身衣之类的东西？害得我只低着头、背着手、弯着腰，狼狈样子被同学们看见了，真是丢死人了！唉！要是我有特异功能该有多好啊！……

怕批评的关系体验：

被批评时，最担心的就是，你站在那里一动不动，而老师也就这样盯着你，一句话也不说，最后叹口气，“你走吧！”那样，你的心里一定非常不好受。因为你已经被老师放弃了，说明你的学习已经毫无希望。而如果老师对你大说特说，虽然当时脸上无光，但内心还是欣喜的。因为老师还是很看重你的，并没有放弃你。你的学习动力还是有的。

还有怕批评的气氛体验：

月考成绩出来了。大家早已坐在座位上等待班主任的到来。每次成绩出来，同学们都能够感受到不同的气氛。当老师满脸笑容走进教室时，课堂就显得暖融融的——很明显比其他班级考得好。而当老师一脸严峻地走上讲台时，大家便有些惴惴不安。若老师站在讲台上不说话，静静地看着全班，哪怕只有两秒钟，也让大家喘不过气来，谁也不敢说一句话……

（二）实例的层次

在关注实例所展示现象的维度的同时，还要注意实例所揭示的层次，也就是揭示相同主题的经验材料的不同层次。例如，在对批评现象的研究中，我发现孩子们在批评中很容易产生报复的情绪体验，于是提炼出“报复”这样的主题。但孩子们的“报复”体验却有着很大的差异。为了更加丰富地展示该主题，我们可以从不同层次上提供相关的实例。例如下面的经验材料就显示出不同层次的“报复”：

有一次上课，我睡着了，老师当着全班同学让我站起来，还要我站一堂课。我非常气愤，暗暗地下定决心：“我就是不听你的课。”

最近我的成绩有一些改观，老师也开始把目光投向我。但我并不感谢他，平时他除了批评，没有给过我一丝的鼓励。

还有很多其他类似的“报复”形式，如面对老师严厉的批评或惩罚，有些学生以逃学或者出走的方式抗议、报复老师，让老师着急。我们还可以回忆自己曾经有过的类似实例，或者让其他人回忆。下面就是一位家长有关孩子在批评中“报复”的回忆：

四岁的淘淘已经学会了自己播放 CD。他想把四张光碟叠在一起放到机器里。爸爸赶紧阻止，而他却坚持要这么做。爸爸生气地在他屁股上拍了一巴掌。他本能地回敬了爸爸两拳，但他明显感觉到自己吃了亏，因为他打过爸爸之后看了看自己的手，似乎疼的不是爸爸而是自己。爸爸对他这种不听劝阻和“以暴抗暴”的行为极其不满，于是又在他屁股上拍了一下。这下，孩子没有还手了，而是绷着脸，生气地四处寻找着什么。最终，他拿起爸爸的茶杯，气冲冲地跑出去，把它扔到了门外。

提供这些多层次的实例能够丰富主题意义的“厚度”，从而深化对该主题的理解。这也体现了现象学研究的特征：每向前推进一步，就有了新的观察点，而在这新的观察点上，又会有新的发现。

（三）实例的表述

“现象学是对生活世界的研究——一个即时体验而尚未加以反思的世界，而不是我们可以为之下定义、分类或反映思考的世界。”（范梅南，2003：11）体验具有原初、现场、未经反思的特点，而我们的描述总是在体验之后。也就是说，我们总是在通过语言或文本“还原”生活中的体验，发掘生活的意义。而当我们想要用语言捕捉这些经验的时候，我们往往在其中掺杂很多不属于现场的东西。我们该如何描述生活体验或者现象呢？下面通过两位母亲关于“牵手”例子的比较，看看实例该如何表述。①

我的小儿子很难控制。如果我不抓住他的手，他就会跑掉，就像他爸爸一样。他爸爸一年前跑了，从没回来过。不过，走了也好。

我爱我的儿子，所以当我们在拥挤的购物中心或繁华的地方时，我总是急切地抓住他的手。有时他会对此发脾气。你知道，我不是一个很随便的妈妈。有时，我见到一些父母，他们让孩子随意乱跑，也不约束。也许是他们忽视孩子或对孩子不负责任，所以，我们经常听到有人说事故是如何发生的，或孩子是怎么丢失的，等等。

---

① 这里选择了范梅南在北京大学讲座中提供的改写例子，目的是为读者提供更多真实的研究实例，增加对研究的直观感受。

几天前，我带着我23岁的儿子在附近一家购物中心购物。正当我们边走边说话的时候，他抓住我的手，似乎很突然。顷刻间，一段记忆涌上心头，一段很具体的记忆。他握着我的手，就像他过去常常这么做一样。那时他还是一个小孩。也许直到现在我才意识到，当孩子握着我的手时，此刻是如此特别！就在这一瞬间，我重新体验了当儿子还很小的时候握着它的感觉。手中握着这样可爱的小手的感觉是很奇妙的。(现在) 我不知道如何去描述这样的体验：我的手被呵护着，牵连着，信任着，在一起……，因此不孤单！

这种感觉和与丈夫手拉着手走的感觉是不一样的。尽管那种感觉也很美好，但这是不一样的感觉。无论如何，我感到很惊奇，我成年的儿子如此自然地当众和他的妈妈手拉着手走路。他似乎没有感到任何不安。其实，说实话，当我们手拉着手走的时候，我自己都感到有点尴尬。但我没有告诉他。

比较这两段描述可以看出，同样是“牵手”这一主题，第一个实例中的母亲表达了太多的意见，并不断地为自己解释、说明，没有真正展示自己的真实体验。第二个实例让我们在阅读中“看”到了母亲的切身感受，具有情境感和现场感。她的描述让我们“看到”了人类的可能性体验。这样的描述能够帮助我们理解实事本身。现象学研究要求我们尽力以直截了当的语言来描述当时的体验，而不做任何原因解释或概括总结。现象学研究的经验是永远不要概括。因为概括会阻碍我们发展继续关注人类体验的独特性的理解力（范梅南，2003：27）。在现象学的描述中，尽量不要表达意见、看法，而是尽可能把前概念、前反思、原初体验描述出来，也就是将“实事”本身展示出来。因为描述的语言而不是概括的语言，才是反映我们世界的语言（范梅南，2003：16）。

此外，在写作这些实例的时候，一般要直截了当、开门见山，还要注意对人物语言的引用，而且事情在达到高潮后就要迅速结束。有时为了有奇妙的效果，还需要点明主题或要点，从而帮助读者理解（范梅南，2008a：12-21）。

（四）实例的视角

在日常生活中，为了更多更好地观察一个事物，我们可以变换视角去观察。类似地，在现象学研究中，我们也可以提供不同视角的实例，从而丰富人们的理解。不同视角的实例可以由不同身份的人提供，也可以通过改写的方式来实现。下面是一个这方面的例子。这是一位教师的描述[1]：

回顾那个星期五，和五月的其他日子一样，除了高二的数学课，没什么特别的。他们是一群相当不错的孩子。前一天，我已经给了他们一次重要的考试。大部分同学做得相当不错，也有一些学生没及格。把试卷发给他们后，我非常严厉地告诫他们，要认真对待学习，不要松懈。只记得当我把试卷发给凯文时，由于他的分数很低，于是（我）就警告他要努力并要集中精力。凯文没有说什么，他只是看着我，带着一种距离感。还记得其他的什么呢？那个周末没什么事件。但星期天晚上校长打电话给我，要我到他家去谈话。我有点疑惑地去了。我想不起我做错了什么。校长让我坐下，给我倒水，给我拿了茶点，然后告诉我说凯文在星期五的晚上自杀了。我顿时颓然地倒在沙发上，不知所措。我们只是彼此对视着，我拿起茶杯喝着水，尽力地不显示出我的感情。

现在对凯文的记忆清晰起来。我开始记起所有的小事：星期五他

---

① 这是在范梅南等主持的香港教师研修班上，由一位教师提供的例子。由于它较为生动、典型，故选择此例。

是如何目不转睛地盯着我，以及如何游移地离开教室。他在做白日梦，我为此还责备过他！我为什么没有注意到这些暗示？我得提醒自己保持清醒，他的死不是我的错。但我的心中有疑惑。

第二天是我一生中最难过的一天。凯文的班级是我自己的班。周一第一节课是我的课。如何对一群十六七岁的孩子说他们的一个同学自杀了？我尽力轻描淡写地告诉他们这件事情，努力使自己不至于哽咽，但我做不到。最终，和班上的许多其他同学一样，我的声音还是沙哑了。奇怪的是，当我告诉他们凯文死了后，班里再没有人坐那张桌子。

这一学期剩下的时间，我和孩子们变得很亲近，所有的人都团结互助。有一个学生甚至对咨询员说，她对我很担心。

从这位老师的描述中，我们可以看到很多信息，其中之一是教师忽视了孩子，从而导致孩子出现了意料之外的后果。为了更好地展示主题，研究中变换一个角度进行描述，这样就能看到更多的细节。

我注意到，当凯文把试卷交还给老师时，他只是听着翰森先生说。这已成了惯例。“凯文，如果想通过这一科的话，你得努力。”老师就说了这么一句话。我就坐在凯文的后面，所以我可以看到他的分数，只有30分！凯文什么也没说，和他平时在班级一样安静，似乎是个局外人。所有的孩子都感觉到凯文有麻烦，但他没有和任何人说。他一直坐在位子上，一句话不说，也不参加任何讨论。剩下的时间里，我一直观察着他，想知道会发生什么。但因为我是个女孩，所以感到不好直接问他有什么问题。当下课铃响时，我注意到，凯文似乎犹豫了一会儿，好像想要和老师说什么似的。但这时一位女老师经过这儿。她走到门口，和翰森先生聊了起来。

当学生们走出教室后，两位老师还在那儿聊着。凯文磨蹭了一会儿。翰森先生瞥了他一眼，但没有和他说话或没有注意到他——所以最终，凯文走了。当他从门那儿走过时，我看到他和老师的眼神相遇了一下，但什么也没有说。我收拾完书本，当经过他们时，我停下来说："翰森先生，我认为凯文有话要和你说。"翰森先生没有认真地看我，说了一声："好的，我现在有点忙。周一我找他。周末愉快，玛丽！"

周一，当我们走进教室时，发现翰森先生看起来很严肃，几乎是忧伤。他在那儿站了一会儿。

全班同学都感到有什么奇怪的事情发生了。老师站在我们面前，然后，眼泪就不禁流了下来。"凯文周末自杀了。"他说，"我希望你们知道，任何人、任何时候，只要需要，我都在这儿。"我只是看着他。

同样的事情，通过转换视角或改写，老师们发现了以前未曾注意到的方面，同时也为读者打开了新的世界。这样的写作能够让我们更好地理解孩子，提升教育者的教育意识。这不仅仅是一种视角的转换，同时也是一种看待现象的方法。变换角度进行描述所体现的现象学方法原则是现象学所说的"自由想象的变更"（free imaginative variation），或本质变更。它是指在自由想象中创造出多种多样的例子，使它们展现在意识面前。这些例子既可以是经验到的事物的例子，也可以是没有经验到的或想象的事物的例子。胡塞尔认为完全可以通过任意的自由想象创造出在原则上可以开放无限的例子，从而使之成为本质直观的基础（胡塞尔，2005c：233）。在现象学教育学研究中，这样的变更或改写能够很好地帮助我们对教育进行反思。

对情境故事的视角变换或改写是一门艺术，是一项技术活儿，它和我们对现象的把握、对主题的领会和展示的面向密切相关。变换视角或改写的目的是更好地揭示现象、展示主题。它能够更好地集中读者的注意力，帮助读者理解他人的体验。

五、文本创作

在现象学研究中，写作不仅仅是在最后为完成报告而采用的一种手段，而是自始至终都伴随着研究的一种方法。写作是一个“主体性客体化”的活动，它将内在的体验转变为客观的可以共享的经验。写作既是一种基于文本的思考，又是一种实践活动。“写作提供我们基于文本的反思，将我们与知识分离然后又使两者相对，将我们与我们的生活世界分离，然后将我们的思想与直接行为分离，从我们的具体参与中去抽象我们的生活感受，又使这些感受客观化”（范梅南，2003：170）。

写作的最终目的是创建一个文本，而文本的目的是使研究的问题鲜活起来，使看不见的可以被看见。因此，现象学的文本既要揭示现象的结构，又要展示现象的丰富性，让读者在把握现象本质结构的同时，又能“看到”现象的丰富意义。其中的主题构成了其“骨骼”，实例充盈了其“血肉”。这样“有血有肉”的文本才是真正能够揭示现象特征的文本。在展示现象结构特征时，文本的形式也非常重要。好的形式不仅能够帮助更好地呈现现象，而且也能够更加有力地影响读者。因此，把这些“骨骼”和“血肉”组成一个有机整体需要研究者仔细安排文本的形式。可以说，注意形式也就是注意内容。

现象学教育学对文本形式的基本要求是：首先，文本需要目标明确，应该从教育、人文的角度对教育现象进行揭示；其次，文本需要论证有力，要对教育现象做出有说服力的解释；再次，文本需要显示出其丰富性的特点，研究中还要运用轶事、故事、小说、诗歌等来丰富研究的内容；最后，文本要显现出深刻的意义。现象学家还为我们提供了很多其他方法，如分析法、例证法、注解法、存在论方法等（范梅南，2003：217-224）。这些方法既可以单独使用，也可以综合使用，不必拘泥于一种模式。我们也可以，而且应该建构自己的文本形式，即通过我们自己"做"现象学，创造性地使用语言，呈现新的描述方式，建构新的文本样式。这不仅能够更加丰富地揭示教育生活中的现象，也能够为读者提供富有洞见的文本形式。

现象学文本的创作并没有一个固定模式，但是协调好研究中的部分与整体之间的关系非常重要。这需要研究者不断对着文本思考，通过不断地重写和改写，从而对文本进行严格地审查。所以说，现象学的方法论与其说是一种技巧，倒不如说是一种精心培养的周密性思考。它不仅在揭示现象本身，同时也在与读者进行深层次的对话。

六、小结

现象学教育学研究作为教育质性研究的一种取向，为多元化的教育研究增添了新的可能性。"现象学研究本身经常是一种深度学习的方式，会促成意识的变化、洞察力的提高、思考能力和智慧的增强，等等。"（范梅南，2003：210）研究是为了更深入地理解生活，理解了则能够更好地实践。而教育中的理解就是要理解教师和学生的体验是什么样子。

人类对教育的需要与对美好生活的希望是分不开的，教育就是为了孩子或下一代生活得更好。所以研究教育的人要明白，教育研究如果不能和教育学的使命相联系，那么它就会失去生命力。现象学教育学研究正是努力克服教育研究中割裂研究与实践关系的一种尝试。

总之，只有通过真正去做，我们才能够更好地理解现象学教育学的研究。做现象学教育学研究本身就是一种深刻的教育反思，因此，做现象学教育学研究与其说是一种技巧，倒不如说是一种对现象、生活、教育的精心周密的审视思考。它是研究者内心深层次的反思和对话，也是一种由教育意识所呼唤的对于教育实践的持续关注。

第五章 日常的表扬与批评

教育是一种掌握种种细节的需要耐心的过程，一分钟，一个小时，日复一日地循环。

——阿尔弗雷德·诺思·怀特海(Alfred North Whitehead)《教育的目的》

一、日常现象

公园里，一对夫妇轻轻地把坐在推车里的孩子抱出来，放到草坪上让他站着。孩子站得还不是很稳。妈妈稍退两步，然后张开双臂，满怀期待地看着孩子说："过来！过来！走到妈妈这里来！"孩子似乎有些犹豫，但是终于跨出了一步……"我们的宝宝真厉害！会走路了！"妈妈抱起孩子不断地吻着，孩子也在妈妈的亲吻中高兴地手舞足蹈，发出"咯咯"的笑声。

这样的情境，在我们的日常生活中经常会遇到。有时候，它就发生在我们自己身上。自孩子们咿呀学语、蹒跚学步开始，父母（家长）就对他们的成长给予不断的表扬和鼓励。

孩子能够模糊地发出“ba——ba”“pa——pa”“mo——mo”“ma——ma”时，父母除了通过眼神和表情激励外，还会通过言语夸奖：“哎呀，我们的宝宝会说话了！”

刚两岁的女儿易易不要妈妈扶，自己走上了台阶，虽然把手给弄脏了，但是妈妈还是欣慰地鼓励道：“宝贝真能干！都能自己上台阶了！”

爸爸要做自己的事情，把三岁的乐乐安排在办公室的沙发上看书。“乐乐真乖！”孩子的“配合”让爸爸感到既欣慰又有些许自豪。

“真听话！”“嗯，不错！”“好样的！”“棒极了！”类似这样的表扬在日常生活中几乎随处可见，它们伴随着孩子成长的每一步：学说话，学吃饭，学走路……

倘若孩子不守规矩，犯了错误或者胡搅蛮缠等，表现出了不好的习惯或不良的倾向，他们也会受到大人各种形式的批评、责备，甚至惩罚。例如：

孩子被展台上的遥控飞机“吸”住了，缠着爸爸非要买。很明显，爸爸没有要买的意思，怎么哄、怎么劝他似乎都无济于事。爸爸要走，准备落下他一个人，给他点“颜色”看看，但是孩子就是不肯放手，引来很多人的目光。“再这样，我就不要你了！”爸爸严厉地告诫说。

类似这样的情境在大人和孩子们相处的过程中数不胜数。例如，当孩子不注意卫生，或没有礼貌，或不遵守纪律时，爸爸妈妈往往会批评、责备或者提醒他们：“这样多脏啊！”“要懂得和别人打招呼！”“这样太不懂礼貌了！”“要像个男子汉的样子！”“要遵守规定！”“女孩子要有女孩子的样子，不要总是这样风风火火的！”……

当孩子们开始了学校生活以后，他们又多了一份来自学校、老师[1]的表扬与批评：

科学课老师布置作业，让我们回家做一个潜望镜和一个热水器。

回到家，我做完了其他作业后，就想着如何做这些东西。为了这一项作业，我不仅耗费了一个晚上的时间，还专门去了一趟超市，买做热水器用的锡纸，而且还想出了很多富有创意的设计。

期盼的科学课终于到了。一上课，老师就开始检查作业。我看着别人的作业，有的不合格，有的是老掉牙的设计，甚至有人说“忘带了”，总之大多数平淡无奇！看到这些，我心里得意极了。老师走到我的跟前，检查起我的作业。我的心怦怦地跳。我在家都试验过了，效果还不错。但我的潜望镜没有装饰，这该不会有什么影响吧？

只听老师说：“你做得都很好。特别是热水器。”说着，他还特意举起了我做的热水器说：“大家看看李永康的热水器，做得特别好。”

老师说得我心潮澎湃，心里美滋滋的。我似乎一下子成了发明家。

老师站在讲台前，满脸怒气，同学们都不敢作声，就是放下手中的笔也要小心翼翼，生怕引起老师的特别注意而将怒气引到自己身上。

“李琳，站起来回答！”李琳睁大眼睛，只觉得全班的目光都集中在自己的身上。从同学们的脸上她看到，他们在同情自己的不幸……。她怯怯地站起来，满脸窘况，半天也没有说出一句话。老师看着她这副样子，更是恼火……

无论是在家庭还是在学校，孩子们的很多活动都是在教育者的监护或关注下进行的。家长（父母）作为孩子的第一任老师，时刻关注

---

① 生活中还有同伴之间以及来自社会上其他人的表扬、批评。但是本研究的出发点是与教育者（家长、教师）对话，希望能够为教育者提供一个促进反思或对话的文本，因此这里只把研究集中在教育者（家长、教师）与孩子之间的表扬、批评及相应的体验上。

着、惦记着孩子们的成长。他们希望孩子们有更好的发展，或者拥有更美好的生活。因此，他们对孩子寄予很大的期望，同时也对孩子提出了各种不同的要求。家长的表扬、批评正是这些期望和要求的表现形式。

教师，在教育原初的意义上，是作为“替代父母”的人。在父母和社会把孩子们交给他们之后，教师就承担起了这一份不可推卸的责任。因此，当孩子做得好、表现得好，或表现出积极的行为意识时，教师应该发现并表扬他们。而当孩子有不好的行为或表现出不良的品行、倾向时，教师也应该及时地制止、纠正并给予批评。

表扬与批评把教育者和孩子们联系在一起，使得双方互相存在于彼此的意向之中。一方面，表扬、批评体现了教育者对孩子们的成长密切关注和积极施加影响的愿望；另一方面，表扬、批评也是孩子们体验自我、发现自我、感受自我与他人关系，以及认识和理解世界的途径。

孩子的成长时刻牵动着教育者的心。孩子们自己也经常处于期待表扬、害怕批评的氛围或体验之中，可以说，表扬、批评体验是他们学习和成长过程中最重要的人生体验。例如，在考场上，孩子们已经做完了考题，但却宁愿无所事事地坐在位子上玩橡皮，也不提前交卷，可能就是因为老师交代过：“不准提前交卷!”“一定要坚持到最后一分钟!”再如，班级值日中，孩子们努力把教室整理得整整齐齐，把地板拖得干干净净，把黑板擦得干净锃亮，其中的动力，往往来自老师那双看不见的眼睛。他们可能在自己家中还做不到这样。但是来自老师的表扬或批评的可能性却能够潜在地发挥积极的作用。

我们看看下面这些学生的经历。

李向阳在期中考试中语文成绩排名全班第一，作文还得了满分。老师公布这个消息后，她兴奋得一整节课都沉浸在幸福的幻想之中。

下课了，同学们都围着她团团转，夸赞的话也接踵而来。那感觉别提有多美了！

放学了，她飞一般地跑回家，把这个消息告诉了妈妈，并且趁机提出奖赏的要求。妈妈不仅给了一个拥抱，而且答应给她二十元钱自由支配。很快，妈妈把这个消息通过 QQ 告诉了爸爸，还在亲友群里分享了。随后几天，只要有朋友来，她都会情不自禁地将这个消息与人分享，阳阳每次也都是美滋滋的。

我们学校这次非常荣幸地代表地区参加省里的舞蹈比赛，而我们也光荣地代表学校去表演，据说有很多领导要来观看我们的表演。

我们上场了。我很紧张，想着千万别出错。想着，想着，还是出错了。这样，我越发慌张，想着："怎么办，到底该怎么办?"我的动作和别人都是反着的。我想："这下完了。我一个人影响了整个队伍。我跳不好，下面的人一定不会只说是我跳错了，而是说我们学校不行!"越想我越着急，怎么也追不上他们的节奏，眼泪不禁流了下来。旁边的舞伴上来了，抓住我的手转了几圈，很快地，我也就跟上了……

终于跳完了。这时，场下响起了一阵掌声。

"校长会不会说我啊？同伴们会不会指责我？……"在担心害怕中，我随着队伍下舞台了。

从这些情境中我们可以看出，孩子们的生活就是这样，他们的很多行为表现都与表扬、批评联系在一起，或者说他们时常处于表扬、批评的体验之中，表扬、批评体验构成了他们成长的很大一部分内容。

在成长过程中，孩子们的表扬、批评体验很多都是围绕着习惯的养成和知识的学习。这两个领域涵盖了孩子们日常生活和学校教育的大部分体验。

二、习惯

休谟说过："习惯原则是人生的伟大指南。"（休谟，1980：528）如果没有习惯的作用，世界上的一切只能是散漫分离、杂乱无章的印象与观念，人生就没有可以把握在手、确定无疑的东西。因为有了习惯，人类才能正常生活。

习惯在某种程度上与教育有着相同的意义。叶圣陶先生说过，教育简单地说就是要养成良好的习惯。因此，习惯的养成几乎成了教育的另外一种方式，早期教育在很大程度上就是习惯的养成。

在孩子成长过程中，习惯的养成涉及的范围很广：既有生活方面的习惯，如饮食、如厕、睡觉及各种卫生习惯等；又有学习方面的习惯，如读书专注、听课认真、书写端正、按时完成作业等；还有社会交往方面的习惯，如遵守时间、信守诺言、保持纪律、谦虚礼貌等。

每个家长都希望孩子在各个方面都形成良好的习惯。他们希望孩子按时起居，保持卫生整洁，遵纪守时，能够安排好自己的学习，等等。家长会因为孩子具有或形成了良好的习惯而感到高兴和欣慰，孩子们也会因此而受到表扬。如家长带孩子去朋友家做客，孩子得体地待人处事，不仅能够给人留下美好的印象，而且常常会受到主人的表扬或称赞："嗯，这孩子不错，真懂事（礼貌）！"当有客人来访时，大人在聊天，而孩子却能够在房间里专心地做自己的事情，客人往往会因为孩子能够专心学习、不受外界影响而称赞几句，父母也会禁不住略带骄傲或鼓励地回应："孩子的习惯还不错！"这既是对客人的回应，也是对孩子的肯定。

当孩子们上学之后，家长都希望孩子能够形成良好的学习习惯。例如，希望孩子能够自己通过各种方式解决学习上的问题；放学后能够主动先完成作业，然后再考虑玩的事情；能够爱护自己的学习用具；

能够认真做笔记；有条不紊地安排好各科的学习任务；等等。而那些已经形成好习惯的孩子成了老师和家长经常表扬的对象。对于那些没有形成良好习惯，或者形成了不良习惯的孩子，家长、老师都表现出很大的忧虑和不安，有时候甚至感到非常恼火。孩子们的不良习惯经常让教育者感到棘手，甚至束手无策。下面这个孩子就是这样的。

小刚现在十二岁了，从小在奶奶身边长大。爸爸妈妈一直没有管过他，现在才发现他养成了好多坏习惯，比如做事拖拖拉拉、不能专心地干一件事情、乱花钱等等。妈妈一直试图纠正他的这些坏习惯，但无法让他改变过来。

例如，昨天是星期天，小刚在家休息，不知道怎么搞的，一整天也没做完作业，坐在那里磨磨蹭蹭，或者懒洋洋地躺着发呆。他要看课外书，结果看着看着就走神了，手里还拿着一块橡皮泥玩得不亦乐乎。妈妈想着，那就玩吧，放松一下眼睛也是好的。可是还没多长时间呢，他又不玩了，东西随手丢到一边，一会儿摸摸台灯，一会儿碰碰闹钟，要不就抓耳挠腮，小动作多得不得了。……结果一天什么也没干成。妈妈看到此情此景，真是气不打一处来：他这纯粹是在浪费时间嘛！于是就教训他不许浪费时间。他却反驳妈妈说，休息日不用她管。于是母子又是一顿大吵……

从上面这个例子中我们可以看出，孩子的坏习惯一旦形成，就很难改正，正所谓“积习难改”。西塞罗（Marcus Tullius Cicero）说过，习惯是人的第二天性，而詹姆士（William James）则进一步强调说：“习惯岂止是第二天性！习惯是十倍的天性。”（詹姆士，1963：20）习惯的形成不是一天两天的事情，习惯可能会形成一种“神经联结方式”。詹姆士援引赫胥黎（Thomas Henry Huxley）《生理学浅说》中一个老兵的故事，说明习惯对人的影响之大：有一个喜爱恶作剧的人，看见一个退伍的老兵端着大餐的肴品回家，他忽然向这个老兵喊“立正!”，老兵立刻把两手放下站好，因此把羊肉、白薯都掉到路边沟里头了。从前操练很彻底，操练的影响深入这个人的神经构造里了（詹姆士，1963：20）。因此，要改变一个已经形成的不良习惯是一件很不容易的事情，简单地批评或者从积极方面表扬是不够的，它更需要教育者的机智和耐心。

我不知什么时候养成了吮吸衬衫肘部的坏习惯，为此遭到了家里很多人的嘲笑和逗弄。此前一年级的老师曾在多个场合命令我停止这样做。我在读二年级的时候，遇到了一位新老师。一有自由时间，我就开始吮吸衬衫。母亲知道我喜欢吮吸，就让我穿着干干净净的衬衫去上学，而且每当我回家吃午饭时，她都会让我换上干净的衬衫。新老师大概注意到了这一点。她常常沿着走道来回走动，并与个别学生交谈。一天，她来到我的课桌边，俯身靠近我说：“嗨，这是你最喜欢的姿势，是吗?”接下去的一两周内，我戒除了这一习惯。（拉思斯，2003：1）

这个故事表明的道理常常为很多教师所忽视：教育者关注孩子的方式很重要。教师不做判断的言行，会让孩子们在日后的生活中静静地思考、慢慢地咀嚼，也许在放学后或在夜里认真地思考上学时被问到的问题。实践中，很多老师面对学生多年养成的习惯，如作业马虎、字迹潦草等，往往采取极端的措施，如撕本子、体罚、当众羞辱孩子等，其结果适得其反。机智的教育者能够看到，不良习惯的改变就如同它的形成一样，并非一蹴而就。教育是一个复杂的过程，教育的意义未必当时显现。教育需要给孩子们反思的空间和自由的时间，而这更多地需要教育者的爱心和耐心。

三、学习

对于学龄期前及小学低年级的孩子们，教育者更多地关注他们生活习惯的培养。随着孩子们习惯的逐渐养成，教育的重心也有所转移。随着年级的升高，孩子们的学习任务逐渐加重，这个时期教育的重心也就偏向于学业成绩。因此，表扬、批评更多地和孩子们的学习联系起来。

我们看到有孩子感受到："从小到大，从小学到中学，表扬是越来越少了。"其原因除了教育者对他们的要求有所变化之外，很可能是小时候学习任务比较轻松，孩子们的学习差距较小。随着年级的升高，学习难度和广度逐渐增加，孩子们相互之间的差距也逐渐拉大。家长和老师对他们的要求也越来越多，尤其是把他们放在一起比较时，必然会有一部分孩子受到表扬，另一部分孩子受到批评。

（一）关注学习的话题

现代学校教育把孩子们整齐地纳入学习的轨道。自从孩子入学以后（包括学前），学习①就成了他们生活的主要内容，甚至可以说，学习几乎构成了他们学校生活的全部内容②。因此，孩子们的学习也就成了教育者关注的焦点，成了他们关心的主要话题。父母（家长）在一

---

① 学习是一个非常笼统的概念。从广义来说，学习是孩子们一出生就已经开始的事情。在世界上生活，就意味着不断地学习。学者一般是从不同的专业视角来谈论"学习"，因此其内涵会大相径庭。例如，有的关注学习内容或学习对象，有的关注学习方式，有的关注学习的内在心理或者生理成熟机制，有的则从哲学视角关注学习如何可能……。本书中的学习是一个日常概念，指的是孩子上学之后学校要求的学习及内容，主要是指学校安排的课程学习。

② "这是什么地方？你来是干什么的？"老师在批评孩子或告诫孩子时，会说这样的话。面对这样的问题，孩子们往往无言以对。他们或是低头，或是沉默，即使回答，答案也非常明确：这是学校，来这里是为学习或读书的。学校及老师们对此基本没有争议。家长也把学校看作专门为孩子们学习而设立的场所，在他们的意识里，孩子上学就是去学习。因此，孩子们无形中已经接受了这样的观念：学校不是玩的地方，而是学习的地方。

起不免会谈起自己的孩子，聊天时会“不经意”地透露：

“我儿子，数学还可以，这次数学竞赛考了个第二名。”

“我孙女今天考试考了满分!”

“今天答应我家婧菁了，待会儿放学带她去吃个麦当劳，平时不给她吃这些垃圾食品，这次因为她英语考了100分!”

孩子们在学习上取得的每一点进步都会让父母感到欣慰。他们会满心欢喜甚至骄傲地和每一个可以分享的人谈起自己孩子的学习：

“小家伙能够数到100了!”

“我家孩子会在阅读中进行比较了，他居然会比较老虎和狮子各自的优势。”

“这孩子自己会看书了，而且还有了自己的判断力。”

“我的孩子考上了××实验班。”

老师们在谈到自己的学生时也会抑制不住兴奋：

“这孩子真不错！学习非常自觉!”

“这孩子虽然慢点，但学得很扎实，进步也很快!”

倘若孩子学习不好或者不愿意好好学习，老师则会感到遗憾、惋惜：

“这孩子什么都好，聪明、活泼，就是不肯学习。”

“宇恒这孩子挺懂事，也挺勤奋，就是学习搞不上去!”

家长若发现孩子学习不好或者不好好学习，则不仅仅是惋惜，更多的是着急、焦虑。亲戚朋友时常也会关心孩子的学习。每每遇到孩子（或家长)，他们或出于关心，或出于习惯，总会问一问：“(孩子)学习怎么样?”孩子们在面临这样的问题时，会经历一个复杂的心理过程。学习好一点的会说“还行吧!”或者是“中上等吧!”也有孩子会保留意见，说：“一般般！中等（偏上或偏下)。”大多数孩子则是说：“一般!”这让人很难猜测孩子的学习到底怎样。实际上，孩子们也是挺为难的——说“好”或者“不错”吧，他们会担心别人指责自己不谦虚，而且将来万一成绩落下来了，还要承受更大的舆论压力。说“不行”吧，又怕别人会看贬自己。哪个孩子愿意说自己“不行”呢？几乎没有哪个孩子真正愿意承认自己不行的。因此，他们还是希望留有一份神秘或者进一步解释的余地。

（二）学习是身份地位的象征

教育者看重孩子们的学习，孩子们相互之间也都非常看重学习。因此，在学校，孩子们的学业成绩成了地位和身份的象征①。

“学习好”的孩子会受到家长、老师的喜爱和伙伴们的尊重。孩子们也会因此而经常受到表扬或称赞。而“学习不好”的孩子很可能会受到老师、家长的批评和责备，或被同学们轻视和鄙视，甚至自己都因此而看不起自己。

父母、老师在教育孩子的时候，经常会拿些名人、学习优秀的学生或者身边的成功者作为榜样，把他们与孩子进行比较。而他们所比较的一般都是孩子们的“学习”，往往就是指孩子的学业成绩。例如，我们看两位接孩子放学的家长的谈话：

“你家孩子很懂事！真乖！”一位接孩子的家长说。

“唉！是挺乖，可就是学习不好！要像你家孩子学习那么好就好了。”另一位家长答道。

孩子们学习成绩好，不仅自己在班级里有地位，而且连家长脸上也有光。孩子们都知道，家长都非常在乎他们的学习，老师也都是凭学习成绩来评价他们个人的。家长把学习看得似乎比什么都重要，他

① 学习具有身份、地位意义，在很大程度上是出于以下方面的原因：学习好代表了一种能力，同时也是智力好的体现。学习好意味着能够上一所好学校，因此也意味着能够有一个更加美好的前程。好成绩不仅使得孩子们能够为父母争光，为老师、学校争得荣誉，他们将来还能够借此获得很好的社会地位。学习的身份地位意义还表现在人们对知识的尊重上。知识是人类智慧的结晶，孩子们学习好，意味着掌握了更多的知识，也就意味着对人类的智慧有了更多的理解。

们都希望自己的孩子和学习好的同学交往，这样他们就会更加放心。而当孩子与学习差或调皮的孩子为伴的时候，往往会招来家长的批评，甚至直接干涉。

随着年级越来越高，孩子们对自我的认识也越来越清晰。他们逐渐认同了学习与个人能力之间的关系。例如那些认为自己“学习很慢”的孩子往往会羡慕学习好的同学，认为他们非常聪明或学习勤快。因此，孩子们对于其他方面的表扬都不如对来自学习方面的表扬感兴趣。倘若能够在学习上受到表扬，他们很容易变得更加自信。而学习差，则让孩子们很难在他人面前抬头。

学习好的孩子也会成为同伴嫉妒的对象。对于那些学习上的成功者、获奖者，其他孩子往往在口头上给予祝贺：“学霸啊!”“你真猛!”“你真厉害!”“你真帅!”但心里可能是羡慕、嫉妒，暗暗地较劲，想着如何努力赶上或超过对方。也有孩子对学习好的同伴提出酸溜溜的批评：“学习有什么用啊？最多不就是考一个好大学？”“练琴练好了又怎么样呢？又当不了音乐家。”

（三）学习与“玩”的矛盾

学习对于孩子们来说是“正事”，其他如看电视、玩游戏之类的，几乎都不属于学习的范围，它们一般都被叫作“玩”，属于“业余”的调节，最多只能是学习的“调味品”。而家长和老师往往也把玩作为孩子们学习之余的奖赏。孩子如果没有学习就玩，或者玩得过多，往往会受到教育者的批评。因此，有些孩子把这些活动转移到“地下”，如在课堂上或者在家里偷着看、偷着玩，倘若让老师、家长发现，往往就会挨批。

吴用放学回家见爸爸还没有回来，赶紧打开电脑过一把游戏瘾。然而，不知道什么时候，爸爸已经站在他的身边了。“不学习，就知道玩游戏！”看着爸爸那严厉的目光，他赶紧关掉电脑，拿起书包去做作业。

很多时候，家长并不是真正反对孩子们玩。他们更多地是怕孩子们分心，或者学习不专心，影响了学习或形成不好的习惯。例如，他们看到孩子一边看电视一边做作业，或者边听音乐边看书，难免会出面干涉：“看看你，这哪里像学习的样子？”或者直接告诫他们：“把电视（手机）关了！”

在学校里也是这样，尤其是孩子们到了高年级，甚至“看闲书”都成为批评的对象。例如很多中学生，特别是高中生都喜欢看小说，但是到了高中后期的紧张阶段，“闲书”就成了“非法读物”。他们只能和家长、老师“打游击”——偷偷地看。

有时候，孩子们的体育课、音乐课等所谓的“副科”课被各主科老师占用。孩子们对此都是一百个不愿意，但他们也只是“敢怒不敢言”。因为这些都是为了他们的“学习”好。

在学习面前，游戏、看闲书、玩都属于“业余”或者“课外”之事，都要为学习让道。学习成了表扬的标准，而不学习的人会受到批评。对学习方面的批评，孩子们几乎没有任何反驳的余地。而对于孩子们学习的表扬，似乎是他们最乐于接受的，也是让他们感到最荣耀的事情。

老师如果是为了学习而批评孩子，家长也都非常支持。我们经常会听到家长和老师说：“孩子不好好学习，你就狠狠地罚他，没事的，我们都支持你。”“这孩子，不好好学习，您要帮我好好管教！严格要求他！”

若在其他方面批评孩子，孩子会有不同意见，但对于学习上的批评，即使有些孩子当时很不乐意，他们一般也都认为老师是正确的，毕竟老师是为了他们好。

（四）学习的动力

“学习都是为了你好！”

“学习都是为了你自己！”

家长、老师经常会告诉孩子们这样的道理。然而，让孩子们自己认识到这一点却并不容易。对于低年级的孩子，让他们把学习和未来联系在一起几乎不可能。对于孩子们来说，他们是“因为……而学习的”，或“为了……而学习的”。他们可能为了考试而学习，可能为了老师布置的任务而学习，也可能为了有机会表现自己而努力学习，也可能为了争一口气而学习，或因为跟别人打赌，或因为跟父母和老师的约定，等等。他们的学习动力主要来自外部，具有很强的“功利性”。因此，假如哪天你看到某个孩子突然对表演感兴趣了，不要以为他/她因为发现了自己有这方面的能力而努力去发展，也不要期望他/她能够坚持多久。也许是因为学校要开展什么样的活动，或者受到其他同学、老师的激励和诱发，他/她才突然想起来要好好地争取表现自己。只要我们仔细和孩子们交流，就会发现，孩子们的很多学习要求，例如参加电脑兴趣小组、美术小组、足球队之类组织的活动，往往都有着“功利性”的目的，或是受了什么诱惑，或是受了什么刺激。

我们经常会听到或看到各种鼓励孩子们学习的口号和标语，如“为班级争光”“为了我们的未来而学习”“为了中华的崛起而学习”“以自己的学习来报答老师和父母”等。这些口号也证实了这样的道理，即孩子们的学习是由外部动力推动的。

孩子们不仅在学习上具有“功利性”的特征，他们的理想也没有大人想象的那么远大。他们的学习目标一般都很具体。从短期来说，就是为了把某次考试考好；长远一点来说，除了报答父母、老师的辛苦之外，学习就是为了上一所好的初中、一所好的高中，或者一所好的大学。一般到此为止。实际上，很多孩子把学习当作一件应付家长或老师的事情。他们自己的理想可能与他们在学校的学习没有多大关系。例如，他们把自己想象成歌唱家、演员、运动员、总经理甚至科学家等等。我们经常也能够发现，教育者很多时候并不是以学习本身来吸引孩子们的兴趣，而是以学习之外的表扬或奖励来激发他们，或者用批评、惩罚吓唬他们，其中最多的是以升学为目标激励他们。

由于学习动力主要来自外部，因此孩子们学习的注意力难以持续。我们可以在课堂上发现，尤其是在幼儿园或者低年级的课堂上，孩子们没学几分钟就把注意力转向其他事情。很多孩子的抽屉里有玩具，手上的铅笔也可以成为“机关枪”“火箭”之类的武器，橡皮也可以作为攻击力很强的“坦克”。他们可以天马行空，展开无穷的想象，这就是“开小差”。

孩子们的学习注意力、毅力等都非常有限，因此，这就需要教育者理解孩子并恰当地调动他们的学习积极性。老师为了能够让孩子们把注意力转向学习，会调动一切可能的表扬与批评方式。我们从课堂行为观察中也能够发现这一点：

一年级4班的数学老师正在黑板上演算，有些同学在下面说话。

“有人在说话！”老师转身扫视了一下全班，希望班级能够更安静一些，但有些孩子依然在玩自己的。“看谁坐得好？谁坐好了，就向我示意。”老师的话音还没有落下，就用眼睛巡视了整个班级。

孩子们很快都挺直了腰杆，坐直了身子，有些孩子还把双手背到背后，而有些孩子在这么做的时候，生怕老师看不到自己，还故意把铅笔或尺子在桌子上摔得很响，眼睛紧紧地盯着老师……

“张裕、袁伟民、崔浩波……，第二组、第四组的同学坐得很好！”

学习，从传承大量的人类科学文化知识的意义上来说，并不是一件轻松的事情，它是需要大量时间和精力的，也是需要毅力和专注才可以很好把握的。孩子们要想在学习上保持优势地位，或者想要超过其他人，更要付出很多的努力。“学如逆水行舟，不进则退。”说的就是这样的道理。

学习本身就是一个意志过程。孩子们的学习意志需要不断地通过像表扬、批评这样的交往体验来激励、刺激。孩子们学习的快乐最初往往来自学习之外。

对大多数孩子来说，学习的意义并不能够立刻显现，而且学习的快乐远不能弥补学习的辛苦。只有孩子们真正意识到学习和他们的命运密切相关时，他们才把学习看作自己的事情，才真正有了学习的动力[①]。

四、作业

（一）学而时“习”之[②]

与孩子们的学习密切联系在一起的是作业[③]。例如，每次教学之后或者上完课后，老师都会给孩子们布置一定量的作业。做作业对于上学的孩子们就如同成人的工作一样，是他们的天职，是天经地义的事情。教育者监督、检查和评价孩子们的学习，很大一部分是通过他们

---

① 几乎没有孩子不希望把学习搞好。很多时候他们只是不知道如何才能够把自己的学习搞好。他们不知道自己的问题在哪里，不知道自己在同龄人中所处的位置。其实，很多父母、老师也不知道怎样才能够有效地提高“差生”的成绩。这也是为什么当他们知道孩子们成绩下降，或者考试考不好时，就把气撒在孩子们身上。他们不知道问题症结所在。孩子们以为只要稍微努力一些或认真一点就可以把学习搞好。很多家长、老师也这样认为。殊不知学习是一个持续、连续的过程，不能脱节。就像建造高楼大厦一样，没有很好的基础，或者说基础没有打好，是建不起高楼的。

② “学习”的本意应该是“学”和“习”相结合，相辅相成。孔子就说“学而时习之，不亦说乎?”这里的“习”应该是“实践”，即“学习并及时在实践中应用，不也是一件很快乐的事情吗?”；而我们学校教育中的“习”一般指的是“练习”，“练习”往往和作业联系在一起。

③ 学习是一个比较宽泛且抽象的概念，而作业则比较具体。作业是教育者布置给孩子们的学习任务，是教育者对孩子们的训练和要求。作业的形式很多，有课堂作业，也有家庭作业；有课内作业，也有课外作业；有书面作业，也有口头作业；有书写作业，也有手工作业；等等。教育者希望孩子们在哪个方面有所发展，就会布置哪个方面的作业。作业是孩子们学习的主要途径，他们正是通过作业的训练而掌握所学知识、技能；作业也是他们发现自己、表现自己的途径之一；作业还是师生交流的主渠道之一，教师正是通过孩子们的作业发现他们的学习困难、诊断学习问题，从而调整自己的教学。

的作业。教育者很多时候都是通过作业来“看”孩子的学习，对孩子进行诊断或判断，同时也从中“看”自己的教学。

孩子们的大部分学习时间都是用在作业上。作业是教学的重要环节之一，几乎每次教学结束，老师都会布置一些作业，节假日也不能避免。而且很多时候，孩子们感到假日反而不如平时轻松。平时作业基本可以当天完成，节假日的作业往往让他们不但不能享受节假日的痛快，反而更增加了他们的痛苦，尤其是到了长假（如国庆假期或者元旦假期等）。

明天就是“十一”长假了。

放学了，其他班级的同学都陆续走了，但高二（2）班的孩子们都在教室里焦急地等着生物老师。因为生物老师之前说过要布置假期作业。其他老师都已经布置好了，但生物老师却迟迟没有来……

过了一会儿，班主任匆匆地来到班级，告诉大家，生物老师有事情来不了了，让大家回家自己看看书。听到这个消息，整个班级顿时沸腾了，“耶，没有作业了！”。

（二）逃避与监督

在学校生活中，孩子们最怕、最烦的也许就是作业了。

孩子们上课不听讲不容易被发现，但他们的作业却不可以不做。老师和课代表每天都会监督他们的作业。孩子们每天上学来到班级的第一件事情可能就是交作业。因此，每逢周一，尤其是假期后回到学校，孩子们往往会因为作业的问题而患上“上学恐惧症”。经常出现这样的情况：在假期最后一两天或周日晚上，作业几乎成了他们挥之不去的“梦魇”。还有学生，特别是小学生，忘记了作业，直到上学的前一天，经过家长的提醒或追问，他们才想起来很多作业没写。有些孩子直到交作业的时候，才发现自己的作业没有做完。

记得有一次，老师让我们写一篇作文。我在学校已经写了一部分，可是不知道因为什么原因中断之后，完全忘了作文还没有写完，于是就先做其他的作业。

第二天早晨，当我把作业翻开的时候才发现作文没有写完。我吓了一跳，不禁出了一身冷汗，一阵不祥的感觉袭来。如果现在继续补写，肯定写不完。倘若老师发现，一定以为我昨晚一点儿也没有做，只是利用早上时间做作业，一定会批评我。如果不补，直接交上去，那老师一定会生气。

想了想，最后还是决定赶紧写一个结尾算了。这样好歹算作昨晚在家完成的！

家长因此经常督促孩子早早做作业。实际上，家长监督孩子学习，往往就是通过他们的作业。孩子一回到家，父母就会问："有没有作业？""作业有没有做好？"若孩子没有作业或已经完成了，则可以心安理得地看一会儿电视或玩一会儿游戏。否则，家长都会督促孩子们及时完成作业。有时家长为了免于孩子担心或受到老师的批评，甚至帮助孩子一同完成作业。也有一些孩子则打算干脆早点到学校抄其他同学的作业。更有甚者，会直接找人代写。

作业和玩似乎成了一对无法兼容的矛盾。孩子们为了能够多点时间玩，可能会利用课间把作业做完，甚至草草地完成作业，这样就可以给自己更多的自由时间。有时候他们还会利用课堂上的时间或其他老师的课做作业。而老师们对学生这样的做法都非常反对，因为这不仅不利于学习，而且轻视了自己所教的学科。孩子们也经常因此而遇到很大的麻烦，不是作业被没收，就是受到批评或者惩罚，甚至还要被交给班主任处理。

有些孩子在家里做作业时喜欢一边做作业一边玩，或听音乐，或吃零食。这样一心二用的学习习惯让家长很不满，但常常也是无可奈何。如孩子们想看电视，他们可能会边看电视边做作业。一般父母都会设法纠正孩子这样的不好习惯。也有些孩子喜欢旁听大人讲话，喜欢把作业拿到客厅去做。而家长有时候会忽视这一点，但他们会惊奇地发现，大人无意中说的话，竟然都被孩子们听见了。孩子们也利用做作业来搪塞一些事情，如以做作业为由而拒绝做家务或其他事情等。

（三）作业上的对话

作业是老师和孩子们之间交往的纽带。老师平时主要是通过孩子们的作业了解他们的学习和自己的教学。老师在作业上的评语是他们与孩子的对话，孩子们在这些评语中体验到另一种表扬与批评。

每当交完作业之后，孩子们就急迫地等待着老师的批语。有的孩子为了能够尽早地看到自己的评语，甚至在交作业的时候给自己的本子“插队”——放在最下面，这样老师批改后就能够先拿到自己的作业，看到老师给自己的评语了。当然，组长和课代表在这方面具有绝对的优势。但是他们却可以把自己的作业放在最上面，这样就可以享受到最先被批改的福利。

作业本发下来的时候，孩子们首先会看看老师给自己的评语。倘若得了个“优（A）”、“好”、“（very）good”或100分之类的，便乐开了花。作业本上的“√”，让每一个孩子都有一种惬意的感觉。即使老师偶尔疏忽给回答错误的题目也打了“√”，他们也不会介意的。但即使判了100分，倘若没有打“√”，孩子们可能也会有些许的遗憾。

倘若作业本上没有表扬的字眼，孩子们多半会大失所望。作业本上的“×”会让他们心慌。更让他们害怕的是本子上赫然写着“订正”或“重写”这样的字眼。最让孩子们感到失望的是，作业本返回来之后，上面什么字也没有，或者仅仅有一个日期或者“阅”字。孩子们知道，老师并没有真正“阅”读，他们会因此而产生一种被忽视、被遗忘的感觉。于是，孩子们开始敷衍，甚至是欺骗……。尽管作业本子上有一个“良”或者“好”之类的评价，但这些没有具体内容而且无差别的评价很难让孩子感到自己的努力真正被老师看见。而且倘若老师总是给自己“良”或者“好”这样“中性”的评价，孩子们往往会怀疑自己在老师心目中是否存在。

若作业上写着“作业和他人雷同”，则会让孩子们感到老师的敏锐。倘若是别人抄自己的作业，自己还不知道，则是需要解释说明的。[①] 当然，对于这类评语，学生的体验并不一样。例如，作文本返回来，上面写着：“这篇作文是你写的吗？”面对这样的评语，真不知道是表扬还是批评。倘若是自己写的，那不啻是一种间接的表扬：作文写得好。若真是从别处抄来的，孩子则会如坐针毡，想着该怎么面对老师了。

李老师给学生布置了一篇写人的作文。我回家后想了很久，也不知道该写什么、如何去写。最后决定抄一篇蒙混过关。

作业交上去的第二周语文课上，李老师一进教室就说：“同学们，我现在念一篇作文给大家听。”我一听，头上直冒汗，心里暗暗地想：“这该不是我的那一篇文章吧？”可老师读的正是我的那篇作文！这真让我如坐针毡。念完后，她说：“这是王强写的。他的这篇文章感情真实，描写具体，写得非常好。希望大家向他学习！”这下把全班同学的目光都引到了我这儿。我的心都快跳出来了，血直往脸上涌。我惭愧地低下了头。但大家似乎并没有看出来。

老师对作业的一般要求首先是态度要认真。那些作业做得认真的孩子，每次本子上都是 100 分或者“好”“很好”“优”之类的评语。

---

① 一般孩子们在交作业的时候喜欢把自己的本子插在中间，他们不想被最先批改到，除非特别希望老师关注到自己的作业。有时候，作业本放在最上面很容易被其他孩子拿走抄。如果他们担心有人已经抄了自己的作业，那么会把作业放在最上面或故意迟交，由于老师最先批改到自己的作业，这样自己被怀疑的可能性就小了。

他们会继续努力，希望能够保持一个“完美”的本子。他们甚至会把这些本子珍藏起来。那些无法把字写好的孩子，也希望能够认真起来，但他们总是难以坚持。他们几乎每次在换新本子的时候，都会想着要从“新”做起——认真起来。他们希望自己的“改头换面”能够被老师看到，希望老师能够表扬他们。但孩子们的这一点点进步往往被很多老师所忽视。当然，也有些孩子换本子是为了逃避作业，因为换了本子就可以逃避前面落下的作业，本子一换就“证据销毁”或“死无对证”了。

孩子们经常会忘记带作业或忘记交作业。这种“忘记”经常成为老师和学生之间的较量时刻。老师也无法判断他们到底是真的忘记了带作业或忘记了交作业，还是没有写作业。后者似乎是不可原谅的。所以，为了避免这种情况，有些老师直接让孩子回家去拿，或者让家长送过来，还有些老师则直接揭露或给予惩罚。

王老师在批改作业时发现刘维交了个空本子，感到有些蹊跷。她叫来课代表问是什么情况。课代表支支吾吾，最终还是禁不住老师的再三询问，说出了实情。

原来刘维星期天没做作业，因此他让课代表先帮他交一个空本子，说先应付一下。

不一会儿，刘维进来了。他看见王老师在，就迅速往教室后面钻去。但还没等他走到教室中间，王老师就把他叫住了。“刘维，过来，过来……”刘维“啊”了一声，慢腾腾地转身回来，以他一贯不屑的姿态回答道：“什么事呀，老师？”

王老师没作声，把本儿举到他面前。他立刻恍然大悟般地说：“哎呀呀，老师，我交错本儿了！交错本儿了！”

王老师平静地说：“那现在换过来……”他跑到后面又跑回来，信誓旦旦地说：“老师，我真的完成作业了，真的！我的本儿忘记带来了！真的……是真的……”

王老师盯着他的脸，反问道：“真的吗?”

“真的!”

恰好课代表进来了，王老师招呼她过来。课代表还没有说话，刘维的脸立刻就红了，脑袋扎在讲桌上，脸贴着桌子，嘴里不停地念叨：“老师，我错了，错了，真的，我错了……”

五、考试

考试是孩子们在学校生活中最熟悉不过的事情，但考试却不是件轻松的事情。几乎从幼儿园开始，孩子们就要面临各种各样的考试，既有各种形式的入学考试，又有期中、期末的检测，还有平时的单元测试、周考、月考以及各种模拟考试等，甚至平时的作业也可以作为一种测试。如今，尤其是在（大）城市，孩子们又多了很多校外考试和各种规格的竞赛等，如各种特长班及校外英语考试、“奥数”等。考试引领着孩子们学校生活的方向，几乎每次考试都会让孩子们经历某种程度的表扬或批评。

（一）考试，有人欢喜有人忧

今天要公布上次考试的成绩，大家都在期盼着。

课代表领了卷子在发。同学们都领到了卷子，怎么不见我的呢?我多么希望能考得好一些。一想到我的成绩，手心都汗湿了。

上课铃响了，来不及再找了。只见班主任（也是数学老师）来了，手里拿着一张卷子。

“起立!”

“坐下!”

仪式结束之后，他对着全班说：“……这次考试郑莹考得很好，不但考了满分，而且书写整齐……”

他的话还没有说完，我的心旋即飘飘然浮了起来，只感到同学们一齐把目光向我投来……

地理老师在讲台上一边念着分数一边分发试卷。我明显地听到了自己的心跳，教室里也是出奇地安静。

“林鑫，80。”

“胡文景，75。”

……

“李超杰——”我一惊，我的担心似乎就要成为现实，“58。”

他似乎有意要停顿一下，故意拖长音节。“你看你，其他成绩科科都优，怎么地理就这么差？你就不能用心学学？……别每次都拖后腿……”

考试对于孩子们虽说是“家常便饭”，但每次考试总是“有人欢喜有人忧”。

喜的是，考试考好了，不仅老师表扬、家长欣慰、同学羡慕，而且还有很多其他的好处。例如，学校或老师给予奖励，家长给买东西，关键还有来自方方面面的表扬或称赞。考试让他们多了一次展示自己的机会。考好的感觉就是“爽”！考试考好了不仅是一种能力的证明，而且还能提升自己的身份地位。

忧的是，考试考不好或者成绩下降，不仅会遭受老师的批评、同学们的嘲笑，更麻烦的是，还要面临家长的批评和唠叨。有时候，孩子还因此而受到各种各样的惩罚。例如，考差了，家长可能会取消原先说好的奖励，甚至还会限制很多原有的娱乐活动，如禁止看电视、玩游戏等，甚至和朋友的交往都要受到限制。而有些老师轻则批评、谈话，重则把考试和座位的安排联系在一起：考得好，就能够自己选择座位；而考得不好，只能往后面或者边上坐！

因此，考试给孩子们带来了很大的压力。面对如此严峻的形势，孩子们会想尽各种方法减轻自己的压力或开脱自己的责任。有时候，孩子们为了避免家长的过高期待，会给家长“打预防针”——他们有的会用夸张的语气告诉家长：“老师说这次题特别难，考高分的同学特别少。”有的用略微沮丧的口气说：“有一两道题没写出来，而且跟同学对过答案了，跟他们的不一样。”还有的直接告诉家长考试考得很烂，不要抱太大希望。面对考试的压力，孩子们有时还会施展一些“小智慧”：

今天老师把期中考试的卷子发了下来。小帆语文考了 93 分，而数学却不及格。

放学了，妈妈来接她，问这次考试怎么样。她高兴地告诉妈妈，语文考了 93 分。为了让妈妈相信，她从书包里拿出试卷给妈妈看。

当妈妈问她要数学成绩时，她说还不知道。其实妈妈已经和老师通过电话，她数学只考了 56 分。而且妈妈已经从其他孩子那里获悉，数学试卷已经发下来了。

孩子们就是这样，喜欢报喜不报忧，喜欢展示自己好的、能干的一面，而不愿意把自己脆弱的一面露出来。面对如此情境，有的孩子则干脆直接把考试的分数窜改了。例如，把 70 改成 90。还有的孩子，老师多给了几分，他们往往也会将错就错；倘若老师少给了一两分，他们则会“分分计较”。

（二）幸运与粗心

没有哪个孩子真正认为自己每次考试都一定能够考好，即使是那些“稳坐钓鱼台”的尖子生；也没有哪个孩子承认自己肯定不行。面对考试中的成功与失败，孩子们往往用“幸运”或“粗心”来为自己的结果寻求解释。

在一次测验中，原本毫不出色的我，竟然超常发挥，考了全班第一。公布成绩那天，班主任大力表扬我，说我最近学习非常用心，上课精力集中，所以才取得了这么好的成绩。当时我心里自然非常高兴——终于得到了老师的表扬。可同时，我也感到有些心虚。因为我根本没有老师说的那么用功，也没有老师说的那么用心，和往常并没有什么区别。我只是感到这次有些幸运罢了。

"幸运"是孩子们的第一反应。但是一次、两次或多次这样的"幸运"就让孩子们发现了"幸运"的意义：可能自己真的有进步了！把偶然的考试发挥超常归结为"幸运"，并非因为他们否认自己有考好的实力。他们一方面希望自己取得了真正的进步，以后的每一次考试都能考好；另一方面也担心自己下次可能会与这次的成绩有落差，因此先用"幸运"来解释这次的好成绩。

和对作业的要求是"认真"不同，考试所要求的是"精确"，错一点就会扣分。孩子们往往把自己考试中的失分归咎于"粗心"、"马虎"或"失误"等。

"96 分？哪儿错了呢？"妈妈听了孩子的汇报后问。

"一道应用题计算被扣分了，粗心了！"孩子解释道。

爸爸看着儿子的试卷，"怎么这么容易的卷子就考这么点分？"

"粗心了！老师也说我不应该只考这么一点分数。其实我都会，就是考试的时候大意了。"

粗心不仅是儿童世界的普遍现象，也几乎是所有人都会出现的情况。而考试似乎能够让孩子们变得细心起来。孩子们在考试中学会了细心读题、审题，学会了如何安排答题步骤，知道了写错一个字、词、数可能会出现的后果等。考试也让孩子们意识到，考试马虎不得，必须要细心。想得满分并不容易，但失分却很容易。

（三）公布结果

孩子们喜欢考试、害怕或讨厌考试，很大程度上都和考试成绩的公布或依据考试结果进行排名有关。考得好的孩子希望在公布成绩时看到自己的成功、所处的优越位置或者名次有所上升。因此，对于他们来说，公布成绩和名次就多了一次展示自己的好机会，或者多了一种实现自我的方式。

而对于那些成绩差或担心考不好的孩子，或者畏惧考试的孩子来说，考试往往成为一种煎熬或折磨。他们希望考试结果成为一个秘密。但实际上，只要考试，其结果一般都是要公布的，即使不公布，那也是“公开的秘密”：有的孩子会主动地去打听，家长也会打听，而老师也会找一些孩子谈话。他们的排名不仅在班级、学校是清清楚楚的，而且连整个社区、整个大家庭都会知道他们的“位置”。而这种位置似乎代表了他们的全部能力或智商水平。

因此，每次考试都会给孩子们带来很大的压力。即使考得好的孩子，也要面临保持优势或者继续进步的压力，毕竟“学如逆水行舟，不进则退”。

最糟糕的是，考试结束后，老师常常要求把试卷带回家，让家长签名。考得好的同学，当然会兴冲冲的，因为他们正好有了炫耀的机会。而且他们在给家长签字的同时，也不会忘记要求物质奖励。而考得不好的同学，送给家长的就不是试卷了，“仿佛是一块沉甸甸的大石头！”

为了避重就轻，孩子们往往会选择给爸爸还是给妈妈签字。而有些学生，为了逃避父母的批评，干脆请爷爷、奶奶、叔叔、阿姨或者哥哥、姐姐代签，反正他们都是“家长”。甚至同学之间相互给签了，有的就自己给签了，或者干脆撒个谎，说家长不在家。

（四）家长会

考试之后的家长会，对每个孩子来说都不轻松。有些孩子对家长会的担心有甚于对考试本身的担心。孩子们不知道老师在家长会上会说些什么。尤其是那些考得不好的孩子，家长会对他们来说简直就是灾难。即使是学习好的学生，也会担心家长会上老师说些什么不利于自己的话，尤其是当着自己父母的面批评自己。

又迎来一学期一度的期末考试，又要面临家长会的痛苦了。

果然，三天后，家长会如期举行。妈妈在我的座位上。我走在漫长的回家路上，心却留在了教室。老师会怎么说我？表扬我？还是批评我？在李老师的英语课上，我从来都是不捣乱的，也不在课堂上说话、传递纸条……，老师不会说我什么吧？上课不认真听讲？下课不学习，就知道和别人打打闹闹？老师会不会把这些说出来？……想着老师可能会说的话，我的心里真如十五个水桶打水——七上八下的。

家长会有时候会成为告状会——告学生的状，或批判会——批判家长。除了为自己考虑，孩子们还担心连累到家长，他们担心自己让家长在众人面前丢面子。而倘若老师在家长面前表扬自己，则是一件非常有面子的事情。

各个家长的体验也不一样，有为孩子担心的，也有为孩子感到骄傲的，还有对老师感到不满的。也有老师把这样的会议变成家长和学生交流的大会。例如让学生通过书信的方式说出自己的心声，留在座位上给家长读。这样家长就多了一次了解孩子的机会。

家长会后，孩子们一般都会非常担心。考得好一些的孩子自然能够从家长那里获得应有的奖励，哪怕是一句宽慰的话。而那些考试失败的孩子们呢？孩子们已经感受到无尽的自责，现在除了老师的批评，他们还要承受家长的批评或责骂：

“就你现在这成绩，以后扫大街都没人要！”

“不好好学习，你以后能干什么呢？”

“你这样以后估计只能讨饭为生了。”

“你看看别人家的孩子，你再看看你自己的成绩，怎么就一点不急？”

考试因此成了一种绝对的权威，它极大地影响了孩子们的生活方式。在考试面前，面对老师、家长的批评，孩子们自己似乎也无可辩驳。

对于孩子们来说，考试没有结束的时间，永远是一次考试完了，又要等待下一次考试。在孩子们的学习和成长过程中，考试就如同一个个路标，为他们指明前进的方向；考试又如同一个个坐标，让孩子们看到自己所在的位置。考试成了孩子们各阶段生活的起点和终点，它让很多原来活泼可爱的孩子、顽童变得逐渐寡言少语，变成了赛手，也变得成熟起来。因为考试不仅仅涉及表扬、批评的问题，最重要的是考试关系到前途和命运，甚至是生存的问题。

那些考试成功的孩子会有这样的感慨：“坐在新高中这宽敞明亮的教室里，想着以前老师的种种表扬与批评，几乎都是值得的。正是因为有了这些表扬与批评，我才有了今天这样的成就。”而那些考试失败的孩子们，他们更多的是懊恼：“为什么只考了那么一点点分数？”“为什么就差那么几分（一两分）？”他们此时更多的是后悔当初没有好好地学习，老师没有批评或激励自己。

六、小结

上面这些情境都是我们日常生活中，尤其是学校和家庭生活中非常熟悉的。有的可能是我们自己曾经有过的经历，有的则是身边小伙伴或者亲戚朋友家的孩子有过的经历，有的则是我们的学生（或孩子）有的或者可能有的体验。有些经历虽然陌生，但是我们却能够从他人的讲述中推测得到或能够理解。这些情境在某种程度上都与表扬、批评或者与孩子们的表扬、批评体验联系在一起。我们可以把它们称为“表扬现象”、“批评现象”或“表扬与批评现象”。

孩子们的表扬或批评体验在成人眼里也许算不了什么，但它们却是孩子们的真实生活。面对这些情况，我们不可能简单地说表扬好还是批评好，也不能说要不要表扬或要不要批评。无论何种情况，这些都是孩子们成长体验的一部分。很多时候，孩子们就生活在表扬或批评的体验之中，这些体验是他们生活的重要组成部分。

表扬与批评就如同“一双无形的眼睛”，孩子们在成长过程中始终有“一双无形的眼睛”在盯着他们——一只表扬之“眼”，一只批评之“眼”。倘若没有了这样的表扬之“眼”在看着他们，他们的学习可能就失去了很多的动力。倘若没有表扬这只关切的“眼睛”，他们的很多努力就失去了存在的意义。另一方面，倘若没有一只批评之“眼”在看着，孩子们的成长可能就会像脱缰的野马，失去了约束。倘若没有了一只批评之“眼”，他们会有什么样的畏惧呢？或者说有什么事情不敢做或不能做呢？

在教育者那里，表扬、批评始终和成人对孩子们的要求和希望联系在一起，和孩子们的成长联系在一起。或者说，正是因为成人对孩子们的成长的希望，因为希望他们表现得更好，希望他们的未来更加幸福，所以才有了如许的表扬、批评①。孩子们也会因此而多了些表扬、批评的体验。

---

① 当然也会有这样的批评，即孩子触犯了成人后，成人所表现出来的批评。成人往往会表现出恼火、愤怒等，并对孩子施加一定的惩罚或打击。但日常生活中更多的还是富有教育意义的批评。这也不排除个别成人批评中所含有的报复、打击成分。成人的报复和打击有的表现得比较隐秘，孩子们并不容易看出来。而有的则比较恶劣，他们往往直接攻击、惩罚，甚至是体罚孩子，往往会给孩子的身心造成恶劣的影响。后面我将在“理解批评”一章中进一步对此进行分析。

可见，表扬、批评始终处于成人与孩子的交往中，这是教育关系的体现，正是这种关系把成人与孩子联系在一起。在孩子来到这个世界之前，在他们还没有意识到之前，这种关系就已经存在。孩子们对这种关系的体验完全依赖于他们与成人的交往，成人的目光、言语、身体、行为中时刻透露出这样的信息。孩子们正是通过这些交往体验，领会他们与教育者的关系，感受自我在关系中的存在。

第六章 表扬的意义

我常常觉得这是多么奇怪啊：每个人爱自己都超过爱所有的其他人，但他重视别人关注自己的意见，却更甚于重视自己对于自己的意见。

——马可·奥勒留（Marcus Aurelius）《沉思录》

一、渴望表扬

人人都渴望表扬，尤其是孩子们。对于孩子们来说，家长和老师一句鼓励的话，一个关切的动作，甚至一个表示关心或支持的眼神，都会让他们学习更加努力，心情更加愉快，做事更加自信……

对表扬的渴望是生命意志的一种表现形式。“渴望”是一种活生生的生命意志，它表达了生命向外生存、展现的倾向。它是一种生命的冲动，是“去存在”（to be）。因此，“渴望表扬”所表达的不仅仅是一种需要[1]，而且是一种生命意志，它是精神生命在社会文化生活中的存在表现，是生命的存在特征。

渴望表扬到底渴望的是什么呢？或者说渴望表扬具体体现在哪些方面？

（一）渴望被看见——存在的需要

孩子们来到学校，每天都抱有一种被表扬或者被看见的希望：孩子们完成了作业，渴望老师给一个很好的评语；孩子们考完试，希望老师能够马上批改出来，希望老师能够给自己一个高分；字写得太乱或本子太脏了，孩子们换成新的，准备重新开始，把字写好。他们渴望老师能够看见自己的这种变化，希望在课堂上能够当众完美地回答出老师的提问，特别是准备好了之后，这种渴望更加强烈。

"……下面是最后一个问题。请谁回答呢？"

老师的话还没有说完，孩子们纷纷举起他们的小手，"我！我！我！""我！我！……"有的孩子边举手还边用另外一只手敲着桌子或者文具盒，生怕老师没有看见自己。

"杨静！"

---

① 人的需要是复杂的。人本主义心理学家马斯洛把人的需要分为生理需要、安全需要、社交需要、尊重需要和自我实现需要五个层次（后来又增加了"高峰体验"这一层次），而且后面每一种需要都建立在前面需要的基础之上。当然，这些分类表达的只是一种"理想型"。对此，我们可以看看匈牙利爱国诗人裴多菲（Petöfi Sándor）的诗句："生命诚可贵，爱情价更高，若为自由故，二者皆可抛。"这里我们看到，人类自身的意志才是最重要的。作为一种精神存在，人的存在首先不是"需要"，而是意志或愿望。渴望或愿望是一种意志形式。"渴望"可以理解为叔本华（Arthur Schopenhauer）意义上的生命冲动，或者尼采（Friedrich Nietzsche）意义上的强力意志，或者柏格森（Henri Bergson）意义上的绵延的生命本身。"渴望"表现了一种活生生的生命倾向，具有很强的意向性特征，表达了一种生命向外求生存、展示自我的张力。"渴望"不同于客观描述意义上的"需要"，它更具一种主动性意味，传达出生命的一种基本存在状态。而"需要"表现的是一种以"我"为中心的意识，即"事物为我的状态"。但生命意志首先是向外的，具有超越的倾向。汉语里面，"望"是会意字。甲骨文字形中上面是"臣"，像眼睛，下面是"壬"（tǐng），像一个人站在土地上远望。小篆又加"月"字，表"望"的对象。本义为远望，引申为期盼。渴，表达的是一种强烈的情感，表现了期望的程度、深度。"望穿秋水""望眼欲穿"表达的就是这样的渴望状态。渴望，其英文"desire"一词的本意是"对星星的期待"，指人对生活某个方面的专注和浓厚兴趣（范梅南，2003：103）。可见，汉语和英语中该词的词源有着异曲同工之妙。

“唉——!”老师点名之后，教室里发出长长的一阵叹息声。孩子们似乎都为没有叫到自己而感到失望。

和孩子们有较多接触的人，特别是幼儿园老师或小学低年级老师，经常会遇到这样的情境。孩子们总是想尽各种办法让大人看到自己、注意到自己。在这一刻，他们并没有意识到自己渴望什么，也不一定意识到这些渴望和表扬联系在一起，但是他们的行为却表明：他们渴望被老师看到、被老师关注到（也希望被同学们看到并注意到）。只有这样，他们才能够真切地感受到自己的存在①。

放学了，孩子们都在门外排队，和老师说“再见”。

当玲玲和老师打招呼的时候，老师正在对前面的一个孩子交代什么事情，没有回应。玲玲等在那儿，又连续说了两遍，这时老师才恰好回过头来，笑着对她说：“玲玲再见!”并做了一个告别的姿势。玲玲这才转过身一蹦一跳地走开了。

被看见，而且不断地确证自己被看见，对孩子们来说非常重要。对孩子们来说，不被看见是一件很让人恐慌的事情，他们需要直接体验被看见才能够放心。我们可以通过孩子们在捉迷藏中的表现来理解他们的这种需要。在捉迷藏中，我们会发现，年幼的孩子常常会大声叫喊：“爸爸妈妈！快过来找我!”我们也经常会发现，小孩子在捉迷藏的时候，很快就自己站出来了，“我在这儿呢!”而他们这样做的时候，大人觉得还没有真正开始呢！孩子们经常有一种不被看见的恐慌感。大一些的孩子往往不再大喊大叫，但他们可能通过其他方式让我

---

① 海德格尔在《存在与时间》里指出，存在不是存在者。他批判西方传统哲学两千多年来一直把存在问题遗忘了，一直把存在者当作了存在本身。因此，他重提存在问题，从而使得被遮蔽了的存在重新被意识到。在他那里，存在就是显现。世界上的一切存在物都需要通过人（此在）才能够得以显现，能够得以显现的，才能够“存在”。这就像王阳明所说：“山中花，因着我的看见，顿时明亮起来。”而事物的存在就是在人（此在）那里显现，而人（此在）的存在就是通过显现其他存在者而显现自身的存在，人（此在）的存在就是“去存在”。因此，存在问题具有优先的地位。

们知道，他们需要被看到和被理解（范梅南，莱维林，2004：187）。

孩子们都渴望被看见。如果不被看见，他们可能会感到一种存在的焦虑。在教育的意义上，孩子们的成长过程就是一个渴望被关注的过程。这种被看见的渴望是一种生存体验，也是一种直觉意识，是一种非反思的意识。它是孩子们在和他人打交道中的意愿，是在他人那里体验自我，是一种人际体验。“我”的存在需要在另外一个人——他人那里得以显现。“我”的存在是以他人为基础的。也就是说，“我”的存在体验只有在他人那里才有可能。因为存在作为显现，需要一个能够显现“我”的他人，他人就如同一面镜子，使得“我”能够看到“我”的存在。在这个意义上，可以说他人是先于“我”而存在的①。

自我存在体验不同于自我意识。自我意识是对自我存在的显明化、对象化。自我意识其实就是他人意识，是他人意识的另一种显现形式。萨特的“钥匙孔窥视”故事就说明了这一点②。萨特所谓的自我意识其实是一种他人意识，即在他人的注目中，自我移置到他人那里再看自己。表扬中倘若出现了这样的意识，则表明自我已经有了某种程度的超越。

哲学家通过反思发现了存在的意义在于显现，在共同生活的世界

---

① 心理学上把这样的通过他人而感知到的自我称为移情，现象学则把它表述为主体间性。卞之琳的诗很形象地说明了这样的移情：“你站在桥上看风景，看风景的人在楼上看你。”正当我意识到他人也在看我的时候，我的存在才被意识到。真正的自我存在体验是在和他人的交往当中产生的。

② 萨特认为，意识是自由地设置意向对象的第一级意识，是以外部事物为意向对象的；而自我意识，则是以意识为对象的第二级意识。意识是由于他人意识才转向自身，产生自我意识。

在对“羞耻意识”的现象学描述中，萨特形象地说明了自我意识的发生过程：

设想我通过钥匙孔窥视房里的人，此时我的注视对象是他人，我把他人当作意向对象；但是，如果我突然听到走廊里有脚步声，意识到有一个他人会注视我，“我在干什么呢?”羞耻感会油然而生，羞耻感是对于自我的反思，它把我的意识由他人转向了自我，自我意识由此产生。在这个例子中，正是我感到他人有可能注视我，我才会注视自己。

即使后来他者并未出现，这场虚惊也会使我放弃窥视。因为此时起作用的是他人意识，并不涉及我与他人的现实关系，这就足以唤醒我的自我意识。(转引自韩东晖，2003：332)

上的显现，而普通人在日常生活中是通过切身的感受来体验自己的存在[①]。存在就是“去存在”，孩子们直接以他们“去存在”的方式表达着这样的生命特征。渴望表扬就是这样的一种生命存在形式。没有他人这面镜子，“我”无法看到自己。同样，没有他人，“我”也就失去了存在的居所。通过孩子们对表扬的渴望，我们可以理解人的这种存在愿望。渴望表扬就是渴望这样一种存在方式，即渴望被别人看见，渴望自己在别人那里“存在”。体验表扬就是体验一种被看见的感觉。套用笛卡儿“我思故我在”的话：“我被看见了，所以我存在。”

这种自我存在的体验最初是身体化的，即自我和身体是联系在一起的。这可以从上面所讨论的儿童在捉迷藏中的体验看出。孩子需要被直接地看见，看到他们本人，即看到他们的身体，看到他们所做的事情。随着成长，自我的领域开始扩大。因此，“被看见”的维度会随着社会化而逐渐扩展。例如，学习成绩、容貌品质、德行修养、地位声誉等。我们看到，为了让别人看到自己在学习上的表现，孩子们的意志逐渐坚强；为了体形的完美，他们能够忍受酸痛；为了荣誉，他们甚至可以做出自我牺牲；等等。这种自我也可以扩大到自己所属的共同体（如家庭、家族、家乡、单位及国家等）。

我们从学生课堂表现的变化中也可以看出这点。高年级的孩子不再像低年级孩子那样积极表现自己，他们对“被看见”有了更深刻的理解。他们不再追求身体的直接呈现，上课不再那么积极举手，放学也不会必须要老师看见。他们甚至会逐渐把身体隐匿起来。他们不再追求一些“肤浅的表扬”，他们的追求更加深刻、长远。原先那种渴望身体化或者有形的直接被看见，逐渐转为符号化的间接的“被看见”，即由追求实体的存在变成追求精神的存在。我们在成年人的追求

---

① 我们在日常生活中经常有这样的感觉：倘若一个陌生人走进我们的空间，对我们视而不见，我们就会有一种自己的存在被忽视的体验。有时候，两个人不合，就会通过“视而不见”来实施报复。夫妻之间发生了争执，有时也采取一种“冷暴力”对待对方，忽视对方的存在。

中也能够发现这些变化，如古人所崇尚的“三立”——“立德、立功、立言”，也是这个道理。成人通过著书立说、建立功业等，显现自我的存在，追求一种“不朽”。因此，在某种意义上，孩子们努力学习所体现的正是这样一种从有形到无形、从身体到精神的超越。

（二）渴望被肯定——认同的需要

文化世界是复杂的，孩子们是逐步走进并理解这个世界的。他们对这个世界的很多判断和理解都需要成人的帮助。成人或权威人物的肯定能够帮助他们更好地做出判断。孩子们在成长过程中，对自我有很多的不确定，他们需要成人的肯定才能形成正确的价值判断和自我认识。

今天是母亲节，老师问我们能够为妈妈做点什么。我想，还是给爸爸妈妈做顿饭吧！

回家之后，我的脑海里开始构思如何做饭、做什么饭。然后又回忆妈妈是如何做饭的。当一切准备好了之后，我开始“实战”了。我做的第一道菜是西红柿炒鸡蛋。可是炒完之后，我失望了。鸡蛋炒完之后并不像妈妈炒出来的那样金黄，而是有许多灰黑色的斑点。味道也不像妈妈炒出来的那样鲜美，而是很酸。

但还是要坚持！我又开始做第二道菜、第三道菜……

看着桌上的菜摆得像模像样的，我不禁为自己的创造感到有些惊讶：自己竟然能够做出这么多的菜！我不禁笑了，想着还有什么需要做的。“把餐具也摆好！”

一切就绪之后，我像一个小孩子一样坐在客厅看电视。可是好看的动画片也没有吸引住我，我的耳朵一直在听开门的声音。

终于，“嚓”的一声，门被推开了，我装作若无其事地看着电视。妈妈很匆忙地放下背包，向厨房走去。

过了一会儿，妈妈出来问我："那饭是谁做的？"

我很调皮地说："你猜？"

妈妈顿时笑了起来，说道："盈盈真是长大了，能为妈妈做饭了。"

听了妈妈的话，我感到无比的骄傲和自豪。这是妈妈第一次表扬我做饭做得好！

妈妈一句"长大了"足以让她体验到被肯定的感觉，让她体验到一种成就感。能够为父母做事情，这让孩子们感到自己的力量。父母表扬孩子"懂事了""长大了""真能干"，就意味着承认他们"有能力""有力量"等，孩子从表扬中获得了认同，找到了自信。渴望肯定体现了孩子们对成人的依赖。

中午，李老师抱着一大摞作业本来到班级陪着学生一起自习。她刚放下作业本，还没有来得及坐下来，就有一个孩子跑过来，说："老师，我昨天晚上 5 分钟做了 131 道速算题。""噢！你真厉害！"孩子听到老师的夸奖后，高兴地回到自己的座位上。

"老师，我昨天晚上……"又一个孩子跑来报告好消息了……

孩子们总是喜欢把自己的积极面展示出来，其目的也是得到成人的肯定。我们看到，在学校，孩子为了得到老师的肯定，甚至不惜牺牲自己的其他兴趣或时间去迎合老师，"投其所好"。

上面这些事例表明孩子们多么渴望得到成人的肯定。"肯定"的基本意义是"对事物持确认的或赞成的态度"或"毫无疑问、必定"。"肯"的本义为"着骨之肉"，意指紧紧地结合在一起。这和英语中表示肯定的词语"affirm"和"confirm"的意思非常接近。这两个词的词根都是"firm"，意思是"（合伙）商号、稳固、坚固"。"肯定"意味着"共在""共同在一起"，或者"捆绑在一起"。可见，"肯定"的生存意义是"共同在一起，从而增加力量"。这种对"肯定"的渴望，其更深层的意义则是一种认同感、归属感。孩子们渴望被肯定隐含着一种对团结、归属的渴望。“肯定”将成人与孩子们紧密地联系在一起，从而赋予孩子们以团结和力量感。获得周围人的肯定就意味着找到了共同成员的支持，有了在一起的感觉，从而增加个人的信心和力量①。

因此，“被肯定”不仅仅是获得权威的认可，更为重要的是一种对关系的承认，一种来自群体的认同②。表扬中的肯定、承认对任何孩子的成长都非常重要，它能够增加个体的安全感和认同感。我们从传统的“差序格局”中也能够看出这样的追求，即我们渴望得到和自己生活关系更近的群体的承认，在乎他们的肯定与否，这是一种对共同体生活的渴望。共同体的肯定对人的自我存在和个人自信有着不同寻常的意义。共同体成员的认同能够赋予个人以无穷的力量。我们可以从“荣归故里”“衣锦还乡”这些熟悉的语词中找到证据。我们在孩子、青少年的亚群体中也经常能够发现这样的情况。有时候，他们并不喜欢老师当着同伴的面表扬自己，因为这让他们感到背离了自己的群体，而他们此时更加注重自己所属的这个小群体的认同，因为他们才是自己的支撑力量。

（三）渴望被重视——地位的需要

表扬在很大程度上是把个体从群体（或者把一个群体从另一个群体）中突出出来。因此，表扬把特定的孩子置于一个不同于其他人的

---

① “approve”表示的是支持，即从实际行动上，或者拿出证据来支持。“positive”则表明的是一种积极的支持。希望得到支持是一种安全的需要，是对自己处境的权衡。在这个意义上，它是一种理解。人人都渴望理解。理解不仅仅意味着别人知道自己、了解自己。理解，从它的英文“understanding”可以看出，它表示的是“和自己站在一起、支持自己”。得到重要人物的支持，如获得爸爸、妈妈、老师等的支持，孩子们就有力量感，消除了不确定感和危机感，也隐含着一种安全感。

② 这里我把认可、认同及承认区别开。而英文“recognition”并没有这样的区分。“recognition”（认可）是一个中性的词语，具有“认知”的意义。而“认同”具有共同体的意味。“承认”则含有关系的意味，具有一种强烈的情感倾向、价值选择倾向，具有群体关系的意义。

位置[①]或地位（status）[②]。“位置或地位”是“身份”的另一种表达方式，即处于什么样的位置或地位就有什么样的“身份”。社会文化生活就是这样，人们都在寻求自己的位置或地位。这在我们日常社会生活和交往当中随处可见，例如办公室里、餐桌上、会议中，甚至教室里也有座位的差别。对地位的渴望也可以在很多社会现象中被发现，例如考试排名、文章署名、单位排名等。孩子们喜欢考试或者害怕考试在很大程度上也是因为喜欢或害怕考试结果的排次。因为这个位置决定了他们的地位，也决定了他们的身份。

表扬也标志着孩子们的价值。对自我价值的追求使得他们渴望得到重视，而表扬则是教育者重视他们的具体体现。“重”的本义就是“分量大”，与“轻”相对。被“重视”就意味着自己在群体中的地位和身份的提高。孩子们都渴望自己在群体中的地位比其他人重要，比其他人显得更有价值。

例如，孩子们（几乎所有的人）都喜欢别人表扬自己“优秀”。“优秀”是什么意思呢？“优，饶也”（《说文》），“优，多也”（《小尔雅》），均指富有、丰富的意思。 “秀”，会意字，石鼓文上为“禾”，下像禾穗摇曳，本义指“谷物抽穗扬花”，意为“出”。“秀，出也”（《广雅》）。因此，“秀”和出众、美等意义联系在一起。“优

① 渴望表扬就是希望被重视，希望在群体中处于不同于其他人的位置。

世界是被给予的，而不是我们可以选择的。孩子们来到这个世界之前，世界已经存在。孩子们的所有体验都是在世界之中的体验。在世界之中意味着在群体或社会之中。每一个人都重视自己在群体中的位置。

“位置”是一个非常有意思的现象。每一个人在这个世界上都占有一个位置，我们从这个位置看待这个世界，然而“位置”又不是一个纯粹的空间概念。其实，这个位置就是我们的身体，就是我们自己。位置的移动就是我们自己在移动。我们也是通过我们的位置体验这个世界。因此，位置是我们体验世界、与他人交往的基础，是我们所处的境况（situatedness）。这也就是海德格尔的“现身情态”（Befindlichkeit）概念，它表明我们和世界的不明的、情绪性的及整体的非认知状态。

个体在群体当中的位置决定了个人的身份。因此，孩子们在学校处于什么样的位置，就有什么样的身份。

② “status”这个词源于拉丁语“statum”，即地位，狭义上指个人在团体中法定的或职业的地位（如已婚、中尉等），而广义上是指个人在他人眼中的价值和重要性（德波顿，2007：5）。

秀”就是在某个方面好，比较“突出”，超出了其他人。英文表示“优秀”的词“outstanding”也比较形象地说明了这样的意思。“outstanding”即“站出来”（standing out），这和汉语中的“突出”“鹤立鸡群”具有相同的表意效果。“优秀”“突出”意味着在群体中处于一个特殊的位置，或者更高、更好的地位。理解了“优秀”所具有的地位、身份意义，我们就能够理解为什么孩子们喜欢被评为“优秀学生”“优秀少先队员”等——这些荣誉称号代表了特殊地位。

这种情况在学生作业中体现得比较明显。孩子们都喜欢老师给自己的学业或作业评价为“优”。因为“优”意味着“突出”。倘若孩子们看到其他同学的本子上也是“优”，甚至所有的同学都是“优”，那么这种高兴很快就会消失。类似的情况在宿舍卫生评比中也很明显。同学们会觉得自己的宿舍门上贴着“清洁”是一件很值得高兴的事情。但是当他们看到其他宿舍几乎都是“清洁”，甚至还有“最清洁”时，他们就不会为自己宿舍门上的“清洁”而高兴了。

地位的意义在比较当中显得尤为突出。被评为“优秀”或者考试名列前茅，孩子们当然欢喜。但自己的同伴若比自己好一点，位于自己的前面，那滋味也许就不一样了。例如，当某个孩子考试得了 95 分，他也许很高兴。如果这时他发现和自己学习差不多的同桌只考了 70 分，他会更有一种心理优势。但是倘若同桌也考了 95 分，那么他的这份欣喜会大打折扣。而若同桌考了 97 分或 100 分，则他这个 95 分就不再能够让他欣喜和骄傲了。他可能更多地是懊恼自己为什么失去了那不该失去的几分。

杨老师开始公布成绩，同学们都把目光投向了她。

终于读到我了。“王玺，100 分！”杨老师脱口而出。

我高兴得差点儿蹦了起来，可是欣喜若狂的我突然又镇定了下来。因为我想看看除了我外，还有谁得了 100 分……

数学考试结果出来了。老师在讲台上念着我们的分数。我自信应该考得不错，所以听着别人的分数，自己就越发紧张。同学们一个个都领到了试卷，突然老师念到我的好朋友苏红兵——99分。刹那间，原本的兴奋心情已经落入低谷，“唉！又没有超过他！”我不禁有些黯然神伤，内心反而比刚才平静了许多。就在这时，一个熟悉的语调传入我的耳朵，“蔡晓明，满分！”

“哇！”全班爆发出一声惊叹。我呆呆地看着老师，想从老师那里寻找可能念错的原因。

但这是事实！

我们在各类竞赛中也经常会看到类似的现象，在体育比赛中表现得尤为明显。例如，在有些竞技项目中，第一名和第二、第三名之间往往差距很小，有时候这种差距不是通过我们的眼睛所能辨别的，只有通过现代精密仪器才能够辨别。但结果经常是天壤之别，而运动员及观众的感受也有很大差别。在这里“位置”决定一切。我们在日常用语当中也能发现这种现象。例如，第一名往往是“高踞榜首”“位居第一”，而第二名是“屈居第二（亚军）”。

表扬的地位、身份意义还表现在表扬孩子们时所使用的各种带有“星”的称号上，例如表扬孩子的时候，老师经常会用“希望之星”“劳动之星”“责任之星”等等。星星，代表的是一种比较突出的位置。天上的星宿都有相应的位置，如果能够成为一颗“星星”，则意味着一种特殊的地位或身份。

（四）渴望被关爱——亲密的需要

“老师，我捡到一支笔。”林老师正在津津有味地讲课，但是突然被小月的声音打断。

“在哪儿捡的?”林老师不得不停下课来回应。

“老师，这笔是我的。”还没有等小月回答，她的同桌已经认出了自己的铅笔。

对于这样的情境，教育者该如何理解？对于正在上课的老师来说，孩子的行为是很不适宜的。如此简单的事情，只要把铅笔还给同桌或者下课交给老师就行了，不至于打断老师和同学们的课，而且还暴露了自己并没有很好地听课。但是孩子们迫不及待的行为表现了什么呢？

学生经常把捡到的东西主动送到办公室交给老师。这些东西，小到一块橡皮、一把小刀，大到书包、雨伞等，有的可能真的是他们捡到的无主失物，而有的就是身边同学的，例如上面情境中小月捡到的笔。甚至他们有时候也会拿自己的东西“交给”老师。这些东西并不一定真正是“捡到”的。他们如此渴望引起老师的注意，除了希望能够在老师面前积极地表现自己之外，还有一点就是，他们希望和老师接触，希望和老师建立一种亲密的关系，希望在接触中感受老师的关切。

小芳在同桌小刚的抽屉里捡到了他落下的语文书，赶紧送到老师的办公室。

“你真是一个好孩子!”老师看了看书上的名字，然后摸着她的头说，“你能在明天早读课上交给小刚吗?”

“嗯。”小芳高兴地点点头，走了。

孩子们迫切地要和老师接触的愿望也反映了一种对爱的焦虑。弗罗姆指出，爱的焦虑主要源于一种分离感。对分离的体验激发出焦虑，而这种体验又是一切焦虑的总根源。分离意味着和其他人隔绝，因此就无力运用人性的力量。这样，分离的孤寂感即是衰弱无力，不能主动去把握世界（弗罗姆，1986：9）。从家庭到学校的集体生活中，很多孩子都有这样一种危机感。

学校生活是孩子们家庭生活的扩展，这种扩展给他们带来了一种陌生感，造成不安全的感觉。正是因为感到不安全，所以他们才去寻求爱。孩子们发现，老师对他们的感情和父母是不一样的。在家庭中，他们几乎都是独享来自父母的爱，而老师的爱则需要他们的表现。爱是安全的保证。孩子努力亲近老师，体现了一种爱的需求，也是安全的需要。

蒙台梭利（Maria Montessori）敏锐地观察到儿童的这种需要。她说，实际上儿童在爱着成人，“他从成人那里得到他需要的物质帮助，并向成人热切地索求他自我发展所需要的东西。对儿童来说，成人是令人尊敬的”（蒙台梭利，2003：131）。儿童感到需要成人在他们身边，而且他们会很乐于引起成人对自己的注意——“看着我！和我待在一起！”而成人却没有意识到儿童这种深深的爱意和需要。例如，清晨，儿童要是比父母醒来得早，他们可能会唤醒父母。这对大人来说未必是乐事，甚至会烦。但如果不是爱，还会有什么力量促使儿童一醒来就去寻找他的父母呢？孩子们叫醒熟睡的父母，无非是想看看他们所爱的人。这与孩子们走近老师、接触老师、和老师说话等行为是一样的道理。

我们时常会看到，学生会主动到老师那里问问题。虽说有的学生确实有问题，但也有很多时候，学生到老师那里去问问题，其实只是一个形式而已——“醉翁之意不在酒”。他只是想接触老师，希望老师能够和他说几句话，希望和老师有亲近的机会。对孩子们而言，这些都是很重要的。他们不仅从中获得一种安全感，而且把它作为一种骄傲。他们甚至把和老师说话看作一种资本、一种身份。

并非所有的老师都能够看出孩子们的这种需要。我们时常也会听到一些老师说：“这么简单的问题都不会做？”“这么简单的问题还来问我？”遇到这些情况的学生多半不会再来自找无趣。教育者若能够理解孩子的需要，及时给予表扬或鼓励，则会让孩子体验到老师的爱以及由此而获得的安全感。“不错，有问题就要及时问。”“很好，理解得很快啊！”这样，孩子不仅感受到教育者的慈爱，有了很好的自我感觉，还多了一份在同学们面前炫耀的资本，或者可以回家和家长诉说，毕竟可以诚实地告诉家长：“我经常会去问老师问题。”

为了能够接触到老师，他们会想方设法接近老师、取悦老师。他们会主动帮助老师做事情，如擦黑板、捡掉到地下的书本等。我们还经常看到学生主动向老师打小报告，说某某同学上课讲话，某某同学作业没有做，或者抄了别人的作业……，打这些小报告，有的可能是出于责任感，有的可能是想报复其他孩子或者给那些犯错误的同学点“颜色”看，但更多的却是希望在老师面前“立功”，希望老师信任、重视自己，希望能够接近老师，希望老师能够喜欢自己、爱自己。这也是亲密需要的一种表达形式。打小报告其实是在和老师分享一份秘密。康德说过，赠送一份秘密就是赠送一份礼物。分享秘密就是建立一种信任的关系。而很多时候，老师却忘了很好地引导，并给他们贴上“喜欢告密的小人”的标签。这样的事情经常会发生在孩子和他/她所依赖的成人身上。类似的亲密方式还有亲自去交作业本、通过各种方式赠送小礼品等，孩子们希望通过这些行动获得老师的关爱。

孩子们这样接近老师，实际是寻求老师的爱护。这种爱的需要本质上是一种安全的需要。孩子们对家长和老师都有这样的依赖心理。孩子们有什么值得分享的东西就会赶快告诉他们。教育者和蔼可亲的姿态会更容易让儿童接近。不过，儿童的这种依赖心理会随着成长，随着年级的增高而逐渐淡化。

二、表扬与自我

渴望表扬是孩子们生命意志的表现，也是自我的一种表现形态。

自我①是一个复杂沉淀物，它具有多层次、多维度的表现形态。表扬为孩子们体验自我开启了新的维度。表扬不仅让孩子们“开心”，还让他们在“开心”中发现了自我的很多积极面，而且表扬还让孩子们有了品味自我成功、美好的一面，让他们在品味自我中获得成长的信心和力量。表扬对于孩子们的重要意义在于，只有经历表扬，他们才能够更好地超越表扬。

（一）敞开自我

被表扬是一件开心的事情。那么“开心”意味着什么呢？“开心”是高兴？是的。“开心”是喜悦？也是的。真正的“开心”意味着心灵的开放、心扉的敞开，即心对他人、对世界的敞开。

王强在朋友家做客，朋友夫妻俩正在备饭。于是，他就和他们六岁的女儿蓉蓉闲聊。

“能到你的房间看看吗？”

孩子领着他来到自己的小房间。

“这是什么？”看到一架电子琴摆放在那儿，他故作好奇地问道。

“这是电子琴。”

就在他指向电子琴的那一刻，孩子已经坐上琴凳，并弹了起来……

“弹得不错嘛！”王强随口说了一句。说完后，他凑近了。蓉蓉把她练习用的曲谱本子翻给叔叔看，一边翻，一边指着上面的曲子说：“这个我会弹，……这个我也会，这个也会……”

---

① 萨特说过，“存在先于本质”，人的本质实际上“是其所不是”，“不是其所是”。自我是什么？自我就是对可能性的我的一种不断揭示和展现，并不断地进行确证（萨特，2001）。阿伦特也提出，思维时，我们在哪里？我们把自己交给了所思之对象。我们就是思本身（阿伦特，2006）。胡塞尔“现象学意义上的自我并不是飘浮于多种体验之上的某物，它完全等同于它们（即杂多体验之整体，它们是一个‘体验束’）被统一了的全体”（扎哈维，2008：42）。对“自我”的进一步的探究可以参阅《主体性和自身性——对第一人称视角的探究》（扎哈维，2008）。

“蓉蓉，快和叔叔一起出来吃饭吧！”爸爸妈妈已经备好饭了，而她却丝毫没有结束表演的想法。

孩子们都喜欢表扬，一点点的表扬就能让他们敞开自己。只要我们对他们正在做的事情表示出赞赏或感兴趣，他们就会和我们走得很近，即使我们的赞美是随口说出来的。例如，如果你欣赏她琴弹得好，她就会把自己学到的乐曲如数家珍地一曲一曲弹给你听，似有“知音难逢”的感觉。倘若你看到一个小男孩在玩汽车、机器人之类的玩具，能够发现他的特点或者说出他的“品位”，他就会滔滔不绝地向你介绍更多的玩具，也可能会领你看他的“收藏”。你的惊讶往往会让他感到自豪。成人可能不屑于观看孩子们的这些东西，但对于孩子们而言，这就是他们的世界。在这样的世界里，孩子们才是他们自己。

孩子们在和世界打交道的过程中，时时刻刻都在探索。探索意味着走进（融入）世界，把自己交给世界。海德格尔称这样的状态为“直接上手”（zuhanden）状态。这是兴趣（interest）的真正意义，即投入到世界当中，把自己交给世界。世界（事情）竟然如此！这是他们在世界面前的惊讶。这是一份发现，这份发现对于所有的人都一样，无论是孩子还是成人。孩子们发现一颗美丽的贝壳和科学家发现一条原理会体验到同样的惊奇。孩子们发现世界的同时，也发现了自我。“这是我发现的。”“这是我找到的。”每当孩子们有了发现之后都会这么说。科学家、学者虽然没有直接这样宣称，但他们同样会说“我认为……”“我发现……”等等。

孩子们都希望能够和别人分享对世界的惊奇和发现。“快来看啊！我看到了日出！”“快看啊！我看到了……”“我发现了一个规律，……”而表扬则意味着看到了孩子们的生活世界，并走进孩子的世界，也意味着我们对孩子的兴趣感兴趣。在此，孩子们的世界向大人敞开着。对他人的兴趣是打开他人自我的一把钥匙。这是一个共在、可以分享的世界。分享就是看到共同的东西。倘若大人说“这有什么呀！”或者什么也看不到，甚至对孩子们的世界表示鄙视，那么孩子们不仅会对这个事物本身产生怀疑，也会怀疑其价值。他们甚至会因此而对自己产生了怀疑——怀疑自己的发现，甚至怀疑自己的兴趣。怀疑自己的兴趣也就是怀疑自己的世界。

其实，不仅孩子们是这样，成人也经常会在表扬、赞美、恭维这样的“糖衣炮弹”中敞开自己。例如，当一些老人（老红军、老战士或者其他老人）讲述他们当年的战绩或者英勇事迹时，只要你表示出欣赏或者虔敬，他们一定会给你讲述更多的故事。话匣子一打开就收不住。他们甚至还会邀你留下来吃饭、喝茶、喝酒。那些集邮爱好者、家居收藏者，只要你对他们的兴趣感兴趣，他们就会很容易向你敞开内心世界，从而让你看到更多的东西。

孩子们之所以能够敞开，是因为别人对他们的兴趣感兴趣。我们在学校经常会发现，只要老师对孩子们感兴趣，孩子们就很容易接纳这个老师，并对老师也感兴趣。而孩子们对老师感兴趣，也就会对他的课感兴趣。孩子们愿意接受一个人的影响与接受这个人本身是联系在一起的。

在第一次思想品德课上，我们班一位男生问了老师一个问题。老师惊异地看着他，大大地称赞他“很有思想”。我发现，在此后的思想品德课上，这位男生接二连三地提出问题，而且经常在下课后还和老师争论不休。我知道，他的兴趣被老师的表扬激发起来了。他已经喜欢上这门课了。

每个人都具有敞开的可能性。孩子们的心灵时刻都处于敞开的状态，只是需要一把合适的钥匙去打开。如何打开孩子们的心灵，让内心的真理得以显现，这取决于如何进入孩子们的心灵。

坐在钢琴前，瞥见窗户外面那些小伙伴们尽情地玩耍着，我不禁有种孤独的感觉，想着：妈妈的要求是不是太苛刻了？

正想着，只听见邻居大妈对自家小孩训斥道："你看看你……再看看这家孩子，多认真！以后一定有出息！"

我的心不禁一热，刚才的孤独感被她的话所温暖，手指尖似乎有了力量，弹出的曲子似乎更加美妙了。

表扬之所以让孩子的心灵得以敞开，是因为表扬的语言能够进入孩子们的心灵。语言不仅可以照亮这个世界，还可以触及心灵。表扬的话让孩子们在混沌、迷茫之中看到了光明和方向，在沉寂中发现了生命的意义，从而为自我的可能性开启了一条通道。敞开不仅仅是一种接纳，也是一种"臣服"（subject to），即把自己交给世界、他人。敞开是对他人的接纳，但同时也是自我在一定程度上的放弃。

我们在教育实践中经常会看到，机智的教育者很容易就能够走进孩子们的心灵，而有些人却无法接近孩子们。其中很大一部分原因是前者能够让孩子们敞开，而后者却不能打开孩子的心灵。这在批评当中表现得尤为明显。为了让孩子接纳批评，教育者首先要让孩子们的心灵得以敞开。很多教育者所认同的赏识教育亦是这样的道理。

教育者都希望孩子们能够敞开，只有这样他们才能够很好地接纳外面的世界，接纳给予他们的教育影响。我们看到，父母都会为孩子们能够在学校得到表扬而高兴，其中很大一部分原因是父母希望孩子们多一份接纳世界和他人积极影响的机会。因此，父母希望学校老师和他人多多表扬孩子就在情理之中了[①]。

---

① 詹姆士等很多西方学者把孩子看作父母自我的扩展（布朗，2004）。但父母希望孩子们受到表扬，更主要的还是希望孩子好，即希望孩子有更多受到教育影响的机会，并朝积极方向发展。

不过，孩子们的敞开有其两面性。孩子的敞开既让大人高兴，又让他们担忧。大人会担心孩子把握不了自我，禁不住诱惑，失去应有的警惕。因为，孩子们很难区分表扬和利诱。《伊索寓言》中《狐狸和乌鸦》的故事也许能够给我们一些启发：有一天，乌鸦捡到了一块肉，狐狸看见了，流着口水想吃。狐狸就想了一个鬼主意，对乌鸦说："乌鸦小姐，我听人家说你唱的歌最好听了，求你给我唱一首吧！"乌鸦刚开口，肉就从乌鸦嘴里掉到地上，狐狸急忙把那一块肉衔到洞里去了。

（二）发现自我

表扬可以是说出孩子们已有的成就，而孩子们往往会在表扬中重新审视自己，从中发现并确证一个自我。发现就是“揭蔽”（dis-cover），就是把被遮蔽的东西打开，因此发现具有真理的性质。因为“真理”（aletheia）就是“无蔽”“敞亮”，它是把存在者从晦蔽状态中取出来，让人在其无蔽状态或揭示状态中来看（海德格尔，1999：252）。发现就是使得已有的东西重新得以显现，表扬的发现意义在于它让孩子们在表扬者的述说中看到已经显现出来的自我，并进行自我确证。

放学了，雨还在淅淅沥沥下着。小峰看到晶晶没有雨伞，也没有人接，于是把自己的伞给了她……

当他浑身湿透地回到家时，发现爸爸在门口笑眯眯地迎接他。“赶紧换衣服。”爸爸很少这样热情，这倒让他感到有些意外。

“儿子，好样的！刚才晶晶她爸打电话来了，说你把自己的雨伞给了晶晶。他夸你舍己为人呢！”爸爸一边给他换衣服，一边夸奖说。

原来晶晶早已回到了家，她已经告诉了爸爸小峰帮助她的事情。

孩子们的很多品质本来就已经在那儿，只是没有被注意到而已。教育者的表扬让孩子们意识到自己的这些品质。例如，孩子们帮助老人过马路，孩子们捡到了钱包交还给失主，孩子们向路边的乞丐施舍……。在孩子们做出这些行为之前，优秀品质已经在那儿了。这就是“良知”。孩子们的“良知”决定了他们的行为。而大人的表扬使得孩子们意识到自己的这些方面，并加强了他们这方面的意识。教育的意义在于加强孩子积极的品质，从而让我们的社会更加美好，也让孩子们能够在社会中生活得更好。社会也会因为有了这些教育而变得更加和谐。

教育在很大程度上并不是“教”给孩子们什么，而是帮助孩子们发现他们已有的东西，并进行积极的引导。这不仅仅表现在对良知或者品质的发现上，对学习能力的发现也是这样。

初三的一次月考，我的作文只差一分就得了满分。我心里一直在想："怎么可能得那么高的分数？是老师改错了吧？"

语文课上，老师把我的作文当作范文，一边读一边分析讲解。一开始我高兴得听不见老师在讲什么。后来老师开始讲解我的作文。在老师的分析中，我才发现了自己作文的思路。可我在写作的时候并没有想到这么多。同学们都露出惊讶的表情。

下课后，老师走到我面前，"写得不错啊！要继续努力！我相信你的实力！"我什么也没有说，只是不住地点头。

表扬让孩子们发现了自己以前不曾注意到的品质和能力。孩子们的发展需要这一面镜子。很多时候，孩子们只有通过他人，尤其是教育者积极的表扬，才能够确信自己、肯定自己，从中找到"自性"，才能够更好地"认识自己"。

数学老师在黑板上出了一道难题，同学们都在稿纸上沙沙地写着……

"谁到黑板上来做？"老师连问数声，没有人应答。最后老师的目光落在了我的头上。

我上去很快写出了算式和答案，写完后，还加了一个"答"。

"看，人家多灵活啊！连我都没想到这种解法。……还有，这个'答'字也写得非常好，你们看这一捺，一波三折，很有力度。"

老师对我写字的表扬出乎我意料。下课后还有同学在我的字上描摹。我一直认为自己的字写得很差，这一次让我开始注意起自己的字。后来，我的字越写越好，这也让我的语文有了很大的起色。

古希腊德尔斐神庙上有句铭言："人啊！认识你自己！"虽然人们

对它非常熟悉，而且很多人也一直把这句话放在口头上，然而，真正认识自己并不是一件很容易的事情。我们习惯于把思维指向外部世界。对于认识自然及外部世界来说，这是毫无疑义、理所当然的事情[①]。传统上所说的“格物致知”也是这样的认知方式。

教育不仅仅是认识自然及外部世界，教育还要让孩子们“认识自己”，认识人类自身。表扬就是说出孩子们已有的表现，让孩子们在语言的引导下再次体验、重新检视自己所做的事情。这是在记忆的大海里或者说从身体的历史中有选择地把有意义的东西提取出来的过程。这不仅是发现，还有强化和创造的意义。

我的语文成绩一直很一般，这次月考150分的卷子才考了92分。班主任语文老师把我叫到办公室去谈话。“你的作文写得真棒！我相信，只要你肯用功，你一定会成功的！”

老师这一句“你的作文写得真棒！”深深地触动了我的内心。是啊，既然我的作文写得好，那为什么不能将语文学好呢？从那以后，我真的开始认真学习语文了。

直到今天，我还对语文保持着这一份热情。

孩子们的积极品质需要被发现，这样他们才能够保持这些品质，并进一步去发展它们。我们每个人从最初的相似的起点走上不同的方向，很大程度上是由周围的人或者环境造成的。

---

① 在人类的认识史上，这种思维一直占据主导的地位。古希腊的自然哲学家就是把目光投诸外部世界。从苏格拉底开始把目光从自然转向人。但随后的中世纪哲学又把注意力转向了神、上帝。近代人虽然对意识自身有了反省，但是直到康德才真正把目光转向了人自身。康德对理性的先天条件的分析，使得人们认识到，“人为自然立法”，给自然立法的是理性的人。但是近代实证科学却依然把目光转向外界。现象学对意识的分析使得人们“回到实事本身”，胡塞尔“生活世界”所告诉我们的是，生活总是在先的给予。也就是说，实践作为生活的形式，它总是已经先行存在。它需要我们回头、反观才能够发现。这似乎回应了柏拉图“教育即回头”的思想。我们中国的教育传统也一直强调“反求诸己”“吾日三省吾身”等。

（三）品味自我

“人逢喜事精神爽。”表扬对于任何人都是一件值得高兴的事情，尤其是孩子们。老师一次小小的表扬也许会让孩子们一整天都生活在幸福的海洋中。孩子们会慢慢地品味表扬自己的话，并把自己置于各种各样的情境中去反复“体察”，慢慢地品味其中的自我，想象其中的自我，享受这一份美好的感觉。

几缕斜阳懒懒地照进教室，百无聊赖地散发着光和热。我和班里同学都七扭八歪地倚在桌子上，听着学期末最后的广播。

“下面表扬在本学期获奖的同学：‘墨海杯’书法比赛，一等奖，六年一班邹茵雪……”

我“腾”地一下子坐了起来，心情沸腾了，恨不得大喊一声。下面的广播也再没听见，完全沉浸在喜悦当中。

这时，班主任拿了奖状走进班级，她说：“本年度我们班的邹茵雪同学在书法比赛中得了一等奖。之前，她练得特别努力，才获得了好成绩，希望大家都向她好好学习……”

这时，我看到很多同学都用羡慕的眼光盯着我，又听了老师的表扬，我的心里像蘸了蜜一样，甜甜的。我又感觉自己好像是魔力女超人，简直无所不能。看着照在桌上的阳光，暖暖的，就像老师刚才的话语。想到几年的努力，虽然每次练习都觉得有些枯燥无味，但这种收获的感觉实在美好。

回家的路上，我又陷入了自己的沉思：我好像被蜂蜜包围着的小熊维尼，兴奋地蘸了满手蜂蜜，边玩边舔。那感觉，真是满足死了。走着走着，我又想起老师的话语，当时没感觉，现在回味起来，她好像很以我为骄傲。哎，我为什么这么伟大呢？哼，昨天刚被妈妈骂过，今天得了奖，一定得让她请我一顿，真是太扬眉吐气了。要吃些什么呢？……

哎哟，太高兴了，被绊倒了。看到自己跪地的姿势，我不禁哑然失笑。没事，我今天快乐，想怎么摔，就怎么摔，一点都不痛。想到这，我又笑了起来……

表扬给孩子们带来了一种美好的体验，让他们不但感觉到自己被接纳、被欣赏，而且为他们的想象打开了无限的空间。在这里，他们看到了一个积极的自我，一个被肯定的自我，一个特别的自我，一个具有多种可能的发展空间的自我，一个处于良好的关系氛围中的自我。想象丰富了孩子们的自我体验，为他们体验自我拓展了新的可能。孩子们在对自我的品味中看到了自己的力量和价值，看到了未来的希望。他们迫切希望这份幸福能够被更多的人看到，尤其是他们看重的那些人，那些关注他们的人。

小岗期末考试取得了第六名的好成绩。当老师在讲台上宣布这一消息时，他几乎不相信自己的耳朵。因为初二年级共有600多名学生，能够获得年级前60名就已经很不错了，这次竟然能够获得年级第六名！

虽然坐在班级，但他的心早已飞回家了。下面的课他一句也没有听进去。他恨不得马上跑回家把这个消息告诉爸爸、妈妈……

面对巨大的成功或惊喜，孩子们往往都情不能自已，恨不得马上把消息告诉自己的亲人，恨不得让天下所有的人都知道。[①] 这是他们努力所得到的报偿，能够勾起他们很多的回忆，让他们感到自己的付出没有白费。孩子们希望别人看到自己的成功，看到自己所展示出来的能力。这才是他们希望的自我、理想的自我，是自我的积极面。而这

---

① 对于这样的表扬，如果教师上课前告诉了孩子，他们可能整节课都沉浸在喜悦之中。想要孩子继续认真地听课几乎是不可能的事情。机智的教师往往会在恰当的时候把这激动人心的消息告诉他们。

一刻一旦到来，他们就会迫不及待地告诉别人，让别人也来分享自己的成功和幸福。伙伴们很少能够真正分享他们的这份喜悦。虽然同学们会来祝贺，但有的可能会酸溜溜地说一句“你这次可真猛!”或者“我下次一定要超过你。”伙伴们更多的是体验到一份危机感，而孩子自己正是在和其他人的比较中获得自足和自信。

在小学和初中时，我报了许多英语课外班：新一，新二，PETS 1、2、3[①]……。那些都是我英语学习辉煌历史的见证。

英语是我的特长。在英语班中，我以长于单词记忆而著称。一次，老师提问单词“tap”是什么意思，班里鸦雀无声。这个单词在我脑海中翻滚了一会儿，我口中便蹦出“水笼头”。

老师惊讶地望着我：“真棒，这是高中词汇，英语不错啊！你上几年级?”

我自豪地回答：“六年级!”

那时全班同学都向我投来羡慕的目光。一下子，我感觉到自己热血沸腾，心想：看，牛吧！你们初中生、高中生甚至成人学生都不知道这个词的意思，我一个小学生就轻松搞定。况且，我与这个单词只有一面之缘，原先约略碰到过，并未刻意去记，就能够将这一“石沉大海”的记忆打捞上来。想到此，我觉得自己更牛了。我知道他们在小声嘀咕什么，那是忌妒。不管怎样，我引起了他们的注意，我开始成为焦点人物，我就是佼佼者！那种满足感、那种自信使我激情澎湃。一个由三个字母组成的单词和老师的一句现在看来平淡不过的夸奖，激发了我学好英语的热情。

以后，每每有单词测验，我的名字总是和“优秀”“非常棒”“第一”“踏实”联系在一起。在老师的表扬、同学的注视背后，总隐藏着一种感动，那是因自豪而生的感动。

---

① 即《新概念英语》第一册，《新概念英语》第二册，公共英语一级、二级、三级。

表扬让孩子们有了更多的自信。他们在自信中成长，在成长中获得自信。但同时表扬也会让他们产生自我膨胀，产生自负、自大现象。这就是我们平时所称的骄傲。骄傲就是从意识上放大某一方面的优势，从而“一叶障目，不见泰山”。教育者在表扬孩子们的时候最担心的也是这一点。他们担心过度表扬会让孩子们沉醉在过去的回忆当中，或浮想联翩，陶醉在对未来的幻想之中。

然而，孩子们在品味表扬中有可能体验到骄傲，并不意味着孩子们必然会一味虚荣、停滞不前。自我品味或自我欣赏是孩子们获得自信的起点。倘若老师不理解孩子们的这一心理，而把孩子们的一时高兴看作骄傲自满等，不仅仅会伤害孩子们的自尊心，还会伤害和孩子之间的关系。

很多谨慎的家长和老师认为，这些小小的成功只是暂时的，因为最终的考试，如中考、高考才是“检验学习的唯一标准”，才是真正的成功。例如，孩子考了年级第 14 名，他们会告诫孩子：“还有 13 个人在前面呢!”“人外有人，天外有天。”“天下没有第一，即使你得了第一名，还有其他班级的人和你比。即使你得了全校第一名，还有其他学校的人和你比。”他们希望孩子“把笑留在最后”，毕竟“谁笑在最后，谁笑得最好”。

小时候的我一直都是一个乖宝宝，在班级总是安安静静地坐着。上课认认真真地听讲，作业一丝不苟地完成，见到老师会说“老师好”。在家里也是很听话，会连续在家待上几天而不跨出家门一步，只为妈妈一句“在家好好学习”。在大人的眼中，我一直是一个很乖很乖的女孩，考试得高分，过年捧奖状。

可惜，我做的一切都得不到妈妈的表扬。那一次期中测试语文，一番咬文嚼字过后，我忐忑不安地交了试卷。同学们问我考得怎么样，我轻描淡写说了一句“还好吧”。

卷子很快发下来，我睁大眼睛看着试卷，89分。回家后，我把卷子交给了妈妈。妈妈只是看着卷子叹息：“唉，才89分！你怎么就不努力学习呢?”

当时，我忍不住泪水滑过嘴角，慢慢地接过卷子回房间了。我坐在床上，抱着枕头哭。耳边响起了老师的话：“这次卷子有点难，班上只有一个90分。”

父母总是希望孩子们更好。但父母的焦虑和危机意识也会给孩子们带来很大的压力。这种焦虑和危机意识可能是父母对未来和自身不确定的意识在孩子们学习要求上的反映。这种意识同时也反映了一种认识论上的缺陷，即他们总是设想一个终极的目标，并把这个终极目标设想为唯一的存在。在设定这个目标的时候，他们似乎忘记了生活本身是一个过程。孩子的成长需要很多不同的体验。其中体验自我、品味自我、品味生活是自我认识和理解生活的重要一环，只有这样，他们才能够获得更多的自信。

（四）超越自我

表扬让孩子们体验到美好的感觉。他们可能会因此而陶醉在表扬所给予的美好记忆中，或耽于对未来的幻想当中；可能会骄傲自满，目中无人；也可能会产生虚荣心，继续追逐虚幻……。这些都是教育者所担心、不希望出现的。

不过，如果因为担心而放弃表扬，则是低估了孩子们超越[①]自我的可能性。每个人都有超越自己的可能性。“超越”就是走出、离开，表示距离和差距。“超越自我”意味着以距离和差距为背景，超出原

---

① 超越不是从内向外的超越，而是自我的超越，是自己对自己的突破和战胜，是自己克服自己的偏见，从而达到一个新的境界。超越是存在的性质，是一种在时间中、经历中、反思中获得新的自我认识的存在形态。它具体表现为在原先的自我形象的基础上获得了一种新的认识，从而达到一种新的认识高度，也就是对自我有了更好的认识，同时也包括对世界和他人及相互关系的认识。

来的自我，通过自我审视活动，对过去的自我和现在的自我有一个更好的认识。

面对表扬，孩子们往往是有了“光荣史”就忘记了“奋斗史”。然而，时间和经历会让他们发现，这一次名列前茅，下次可能就会名落孙山；一次作文受到了表扬，下一次作文很可能就会挨批；这次被评为“劳动之星”，下次很可能会因失职而受罚……。巨大的反差会让他们体会到过去和现在的关系，体会到“一分耕耘，一分收获”的道理。孩子们对“谦虚使人进步，骄傲使人落后”的理解会随着体验而逐渐加深，并逐渐成为一种面对表扬时的自觉意识。

比较是孩子们实现自我超越的一种形式。家庭似乎并没有给孩子们太多比较的空间。然而，社会交往和学校集体生活让他们看到，很多东西需要争取才能够得到。例如，要想得到老师的表扬，他们就要通过做好事情、考试得高分、行为文明、待人礼貌等来争取。

例如，孩子们在比较中发现，“原本以为老师只会在好学生的本子上写鼓励的话，后来无意中翻看几个学习不太好的同学的本子，发现他们的评语中鼓励的话也不少，甚至有些话令人羡慕不已”。孩子们会发现，老师的表扬只是为了鼓励他们。而当孩子们意识到表扬和鼓励之间的差异①后，他们逐渐学会了说“谢谢”。

在日常生活中，我们会发现，大孩子（或成绩好的学生）听到家长、老师表扬很小的孩子（或成绩不好的学生）时，会感到可笑，因为前者认为后者的成就都是不值一提的。但是教育者依然欣然给予表扬，而小孩子（或成绩不好的学生）欣然地接受，甚至会感到骄傲。有时大孩子（或成绩好的学生）也要承担起这样的角色：教育或帮助小弟弟、小妹妹（或成绩不好的学生）。这种差距让他们意识到教育

① 表扬和鼓励之间有结构上的差异，即“表扬”是“因为……而表扬”，而“鼓励”则是“为了……而鼓励”。我们发现，很小的孩子对于表扬往往是“欣然接受”，这是因为他们觉得这是他们应该得到的。然而，当孩子们意识到别人的表扬是一种鼓励和期待时，他们除了高兴之外，还会道一声：“感谢！”

者的角色和责任。当孩子们开始学会“将心比心”的时候，他们就超越了原先的自我。他们开始学会理解老师对弱者的照顾；学会照顾其他同学的感受，不再锋芒毕露；意识到表扬更多的是一种鼓励和期待，不再像小孩子那样积极主动地追逐表扬。

超越意味着他们的追求有所变化。我们从中小学生的课堂上可以观察到，越是到了高年级，上课举手积极要求发言的孩子越少。只有在老师点名的情况下，他们才勉强愿意回答问题。这和他们在幼儿园及小学低年级时那种迫不及待地渴望得到表扬的情况形成了鲜明的对比。除了对答案的不确定外，更多的是因为他们已经超越了原先的自我，对自我的要求也发生了变化。

随着自我意识的加强，孩子们不再把做人的基本品质看作需要表扬的方面。很多时候，他们把这些基本品质看作对一个公民或者一个人的最基本要求。倘若因为这些品质被别人表扬，他们反而感到尴尬、不舒服。我们看到，大孩子（高中生或者大学生）在公交车上给老人让座，别人表扬他们，反而会让他们感到不自在，接受这样的表扬似乎有违良心，或把良心拿出来让别人议论似的。个人品德不是用来公开展示的。[①] 有时，为了避免表扬所引起的尴尬局面，孩子们即使做了好事也不愿意留下姓名。

自我意识的加强让孩子们看到自己在群体中的地位和身份，他们知道什么才是重要的。例如，对于一名成绩不好的低年级孩子，老师倘若当众表扬他积极努力，他会欣然接受；但是对于成绩不好的高中生，这样的宣扬往往并不能增加他们的荣誉感，反而会令他们尴尬。他们有着自己的标准。

老师先表扬了这次考得好的人，接着表扬这次进步的同学。

---

① 正如孔子所说：“巧言令色，鲜矣仁！”故意展示自己的良心者，很少真正具有仁义之心。而孩子们在此感到尴尬正是有良心、有良知的表现。

“其实，今天我最想表扬的还是——张霖。”说到他的名字时，老师特意提高了分贝，“之所以要表扬他，绝不是因为他考得怎么样，事实上他的成绩和以前几乎没有差别……”老师的话还没说完，整个班上就已经沸腾了，大家开始议论纷纷……

“同学们，请安静！虽然张霖同学成绩没有进步，但他这一段时间以来的努力，我相信大家都是看在眼里的。他的这种精神还是值得大家学习的……”

老师继续着他的长篇大论。我注意到，张霖早已低着头，一句话都没说。可是我分明感觉到他心里的痛——付出了却没有回报。

在当今学校教育的环境下，学校把学习成绩看作判断孩子能力的主要标准，孩子们也在很大程度上把自我和学习联系在一起。因此，不少孩子，尤其是那些学习成绩较差的孩子，很难体验到学习上的自我成就感。这一份自我在他们身上也许永远缺失。而这一份缺失的自我，可能成为他们永远的遗憾。

超越需要经历，在经历的基础上才能够实现超越。没有表扬体验，很难实现这样的超越。当我们谈论表扬的时候，经常会听到有些孩子对表扬表现出“愤世嫉俗”，认为是否得到表扬无所谓，表扬并不值得一提，但这并不是真正的超越。①

现实生活中，我们常常会发现，很多优秀学生早已忘记了老师的表扬和欣赏。而很多被看作“差生”的孩子们，老师偶尔一次的表扬会让他们终生难忘，感激一辈子。这种现象在某种程度上说明了孩子

---

① 按照齐美尔的观点，有力量的个人会从容地顺从包括时尚在内的各种普遍形式，因为他/她有足够的自信，认为自己独一无二的价值不会被同化、淹没。确切地说，这种顺从是自然而然的，并且被自然而然地超越。那些不随时尚并表明要从大众中独立出来的人，恰恰表明了对大众高度重视的态度。因为“不赶时髦也可能是由于弱小感，这种弱小感使个体害怕，假如他们接纳了一般公众的形式、品味、习惯，他们就会失去他们的个性”（西美尔，2001：81）。从齐美尔的逻辑看，对表扬表示反对或者说不喜欢表扬的人，未必真的就已经超越表扬。真正能够超越表扬的人是那些经历过，能够从容地对待表扬的人。

们如何才能够很好地或真正地超越自我。

三、表扬的教育反思

表扬作为教育者和孩子之间教育联系的纽带之一，它对孩子的意义是多方面的。从孩子的角度看，孩子们都渴望表扬，渴望表扬是一种生存意志的表现。接受表扬作为孩子体验世界的一种存在方式，它与孩子们的自我成长有着密切的联系。孩子们在表扬中体验到不同的自我。从教育者的视角看，教育者需要思考：表扬作为一种施予行为或指向孩子的意识，它到底是什么？或者说，作为一种教育行为和意识的表扬到底意味着什么？

（一）“表扬”的语义探究①

“表扬”，词典定义为“对好人好事公开赞美”（中国社会科学院语言研究所词典编辑室，2016：87）。该定义非常简洁，有利于我们把握“表扬”的一般特征，也方便我们理解。但在简洁方便的同时，它又遮蔽了表扬现象的丰富性。现象的丰富性体现在它原初生活的丰富性上。为了更好地理解“表扬”的意义，我们需要把它还原到生活当中来理解，考察它的原初意义。

“表”是会意字，从毛，从衣。古人穿皮衣，毛朝外面，所以“表”从“毛”，本义指外衣或者衣服的外面，引申为外部、外面、外貌等，例如表里如一、表面、表象、外表、仪表、表层、表皮，继而引申为动词“显示”，例如刻石表功、表明、表示、表述、表现、略表心意。

“扬”是形声字，《说文》中解释为“飞举也”。“扬”是升高飞

① 这部分主要参考《汉语大词典》（罗竹风，1986）。

散的意思，所以向上举或到处散播常用“扬”，如扬帆远行、扬汤止沸、扬眉等。用于人时，“扬”多指使人名声到处传播，广泛称颂。正因为如此，所“扬”者多为善、美之事。

从对“表”“扬”二字的词源探究可以看出，“表”作为动词，其基本意义是“使……显现、使……被看见”，而“扬”是“向上举”或“让人知道”的意思。“表扬”一词可以看作由“表”和“扬”两字义之间互文①组合而成。在这个意义上，“表”和“扬”是并列关系。

“表”和“扬”也可以看作递进关系。《汉书·李广苏建传》中，有“上思股肱之美，乃图画其人于麒麟阁，……皆有功德，知名当世，是以表而扬之”。这里“表而扬之”中，“表”和“扬”有递进的意思。“表”的目的是“扬”，即不仅仅让当事人知道，还要大力宣扬，让其他人都知道。

在教育实践中，“表”意味着教育者“看到”孩子，并“使其显现”。这也是教育者给予孩子们展示自己、显示自己的机会。“扬”意味着“抬升、抬高”，即不仅把孩子们的积极、美好的东西提出来，还要让其继续发扬，同时还有为其他人提供榜样的作用。因此，表扬有引导意义。在给予和指引的背后，是教育者对孩子们的真正理解，而真正的理解意味着欣赏。

（二）表扬是给予

“最后一个题目。谁来回答呢？”

老师的话还没有说完，孩子们就纷纷举起了手，“我！”“我！”“我！”

---

① 互文，也叫互辞，是古诗文中常采用的一种修辞方法。古语对它的解释是：“参互成文，含而见文。”具体地说，它是这样一种形式：上下两句或一句话中的两个部分，看似各说一件事，实则互相呼应、互相阐发、互相补充，说的是一件事。例如：“秦时明月汉时关”；“东市买骏马，西市买鞍鞯，南市买辔头，北市买长鞭”。

"我们请王超来回答吧!"

王超站起来，满脸的紧张，但他还是说出来了。

"很好！坐下!"老师脸上露出了笑容，同学们也都给了他鼓励的掌声。

很明显，老师发现王超整节课都没有说话，有意设计了一个相对简单的问题，并把这次回答的机会给他。老师让他回答问题，是给予他在班级展示自己的机会，或者说让他有机会发言。其实，更多时候，老师提问的意义不仅仅在于问题本身，同时也是一个让孩子表现自己、展示自己的机会。这是集体教育中表扬的关键意义。孩子们在回答问题时不仅体验到老师对自己的关注，从中还发现自己的存在，即班级中有"我"的存在①。

在孩子成长过程中，教育者都会想方设法给予孩子们展示自我的机会。家长很容易就能够给予孩子们展示的机会，例如，我们常常看到家长将孩子们的奖状、荣誉证书、奖品等放在能够被看见的地方，或者让孩子们在亲戚朋友面前表演、展现自己的才艺等。而在学校，并不是每一个孩子都有充分的机会展示自我，而这需要教育者或者说教师设法从孩子发展的角度去精心设计。老师可以让孩子上黑板演算、回答问题、朗读课文、表演才艺、参加竞赛、登台演出……，或者把他们的作业、作品放在显眼的地方。例如，把他们的作文、绘画作品、摄影作品贴在教室的墙上，或把他们的手工作品放在教室后面的桌子上，等等。类似的方式还有，在课堂上展示孩子们的优秀作业，尤其是在班级朗读某个学生的优秀作文，这对孩子们来说是极大的荣誉。但这只有很少的孩子能够享受得到。老师也可以设法让更多的孩子感到自己"被看见"，让他们有"展现"自我的机会。如可以说出孩子

---

① 这里的情况比我们想象的要复杂得多。有人可能会认为老师提问是很随机的，但老师在教学当中经常会有意地安排一些孩子回答问题。这属于教师的实践性知识。孩子们的体验比这里所描述的更为复杂。

们做的事情，让大家都知道；也可以用眼神示意自己看到了；或者通过接触，如轻轻地拍一拍孩子们的身子或脑袋；有时也可以通过信件、电话或者在作业本上留言，让孩子们感到自己被看到。这些都是让孩子们展现自己的时机。而对于孩子们来说，这些都是教育者的给予。

教育者能够给予意味着具有给予的能力。教育者之所以能够给予，主要是因为他们已经先行来到这个世界上，他们不仅在知识文化上是孩子们的引导者，也是孩子们信赖的权威，孩子们对他们有着很大的依赖性。教育者的给予在某种程度上类似于西方文化中的上帝——在西方文化中，一切都是上帝给予的。给予（give）是一种馈赠（gift）。这种馈赠不同于礼物。日常生活中，赠予礼物是交往中所必不可少的仪式，而馈赠则是上对下的一种赠予。当然，中国传统文化也非常强调上级对下级或长辈对晚辈的给予，或者叫作恩惠。在中国传统文化中，尤其在佛教文化中，给予也是一种施，而施又是走向觉悟或佛性的重要途径，也是佛性本身的表现形式。

给予孩子们表现自己的机会就是保护他们的成长积极性。保护孩子的积极性其实就是保持孩子的主动性。主动性是孩子发展所必需的动力，它是活动的特征，也是生命的性质。这种主动性能够激发孩子们的兴趣。有了兴趣，他们才有继续探索的可能，才有继续发展、成长的可能；而他们对老师的兴趣是他们愿意接受影响的主要原因。孩子们喜欢在众人面前展示自己，更喜欢在喜欢自己的老师面前展示自己。[①] 老师是孩子们在学校接受影响的主要来源。如果孩子对老师失去了兴趣，其后果是家长无法想象的。现在学校教育占据了孩子们的大部分时间和空间：学校生活几乎成了他们上学期间的全部。因此，老

---

① 这有些类似“女为悦己者容，士为知己者死”的味道。可以比照的还有“伯牙绝弦”的故事：伯牙善鼓琴，钟子期善听。伯牙方鼓琴，志在泰山，子期曰：善哉乎鼓琴，巍巍乎如泰山。志在流水，子期曰：洋洋乎若流水。伯牙所念，子期必得之。钟子期死，伯牙终身不复鼓琴。（译文：俞伯牙善于弹琴，钟子期善于听琴。伯牙刚刚弹琴，琴义在于赞美泰山，子期说：琴弹得好似巍峨的泰山。琴义在叙说流水，子期说：洋洋的琴声好似流水。伯牙所要表达的内容，子期必定会知道。钟子期死，伯牙终身不再弹琴。）

师给予孩子们展示自我的机会也就是给予他们成长的空间。

这种给予也是一种教育责任，它的前提是对孩子们的爱。爱不仅让孩子愿意接受老师的影响，爱也让家长放心。给予表扬意味着给予孩子关心，给予孩子希望。爱是能够产生影响的主要动力。家长所期望的是，老师真正地爱自己的孩子。

给予和接受是一体两面的事情。教育者的给予所表达的是一种期望，寄托一种做人的品质。孩子们接受给予就意味着一种承诺。因此，孩子们在获得表扬的喜悦时，也会感受到表扬中的责任和压力。他们接受这份表扬的荣誉时，就表达了一种承诺。例如，爸爸妈妈夸孩子："你真是一个负责任的孩子！"当孩子接受"负责任的孩子"这份荣誉时，他们就答应要做一个负责任的孩子，无论他们以后是否能够真正成为"负责任的孩子"。

倘若孩子不能做到，或者并没有达到老师所给予自己的评价或者称号，他们往往会有一种羞愧感。为什么会有羞愧感呢？接受表扬其实是一种自我声明，他们要自己"名副其实"。虽然是别人说出来的，但是自己内心倘若承认并接受了这样的表扬，就意味着一种认同和承诺。而害羞似乎是一种谦虚的推让，表明自己并没有认同这样的荣誉或声明。因此，害羞能够让自己在一定程度上摆脱这样的声明，从而减轻自己的压力。还有一个原因可能是"生怕别人认为自己不谦虚。通过脸红或者表现出来的不自在的样子，就战胜了谦虚的正面价值"（范梅南，莱维林，2004：181）。

尤其是在众多熟人面前收获表扬时，这样的体验尤为明显。那些自我意识较强的孩子更是如此。例如，父母在众人面前表扬自己时，自我意识稍强的孩子一般会打住，提醒父母不要这样。父母有时候体会不到孩子们的这层担心。孩子们的直接反应是"怕别人说我"。因为当众接受表扬意味着贬低别人、抬高自己，使自己处于一种相对优势的位置。这给别人造成了压力，也显得自己很不谦虚。而给别人造成压力的后果是也给自己造成了压力。因为当众接受表扬会引起别人的嫉妒。而这种嫉妒会引起不同程度的报复。因为某个时刻的成功不代表永远成功，在某个方面的成功也不能保证所有方面的优秀。而且若以后做不到，或者表现不够优秀，也会让自己感到失信于人，因此会有损自己的面子。

（三）表扬是指引

“你要别人具有怎样的优点，你就要怎样去赞美他!”教育者想让孩子在哪个方面发展或者朝哪个方向发展，他的表扬就会指向这个方面或者这个方向。父母或老师表扬孩子某方面的习惯，其实是希望他们继续保持这样的习惯，或者通过突出好习惯来削减不良习惯等。家长希望孩子们学会自己做事、自己判断，他们会给孩子一些“高帽子”：“儿子长大了!”“女儿懂事了!”“自己能做事情了!”……

妈妈见到儿子整理了自己的房间，“今天房间整理得很整齐嘛!”她是希望孩子养成整洁的习惯；听完孩子对一天学习计划的安排，说一句“能够自己安排好自己的学习时间了”，是希望孩子养成条理分明的习惯。

老师希望孩子发展某方面的能力，就会把这方面的优点凸显出来：“你的字进步很大!”“现在的字漂亮多了，也整洁多了!”“你很有绘画的天赋!”……

学校的各科老师都希望孩子们能够把自己所教的学科学好，他们总是想方设法地帮助孩子们在学科方面找到自信。如通过课上、课下的表扬或作业评价鼓励学生：“胡月，你最近的进步很大。我发现你在英语这方面很有潜力。只要你继续努力，以后你的英语一定会很好!”

作为教育实践的具体形式，表扬本身就是有选择、有方向的价值引导行为。教育者“表”什么，“扬”什么，“表扬”谁，把所“表扬”的人和事让谁知道，等等，这些都有着很明显的指向性。表扬总是已经有所选择、有所指向。简单的表扬往往透露出多方面的指引意义。

表扬的指引意义传达的是一种教育的希望。这种希望不仅仅表现在表扬所传达的内容上，而且与教育情境中的人的方方面面都联系在一起。

首先是“表扬谁”。表扬首先体现的是教育者与孩子个体之间的交往关系。“表扬谁”意味着看到谁，并积极地对谁施加教育影响。表扬让孩子们感到更加自信。这也是后面持续发展的动力。然而教育交往需要教育者考虑得更为长远和全面。

语文老师正对着全班发火。“你们看人家徐晓辉，课文背得多熟！你们永远都不可能超过他。”

孩子们都低下了头，没有一个人说话。就连徐晓辉也把头埋得很低。

教育者这样的话就像“墨菲定律”[①] 一样，往往真的会成为现实。教育不是为了某一个孩子的。这样的表扬或许让一个孩子感到满足和产生优越感，但却不利于孩子的长远发展。实际上，被这样表扬的孩子往往自己都感到难堪。相反，另一位老师就显得更为机智：“王旭同学这次表现得很好了，希望继续努力，继续为大家做榜样！”

其次是“表扬给谁听”。学校教育更多时候是一种集体教育。因此，教育者的表扬不仅针对个体，很多时候也指向集体。例如，老师拿着某个孩子的作业对大家说：“看看这样的作业！这才是作业应该有的样子！”老师在此不仅仅在表扬这一个孩子，更多的是在教育大家，

---

① 墨菲定律（Murphy's Law）：1949 年，一位名叫墨菲的空军上尉工程师，认为他的某位同事是个倒霉蛋，不经意间开了句玩笑：“如果一件事情有可能被弄糟，让他去做就一定会弄糟。”这句话迅速流传，并扩散到世界各地。在流传扩散的过程中，这句笑话逐渐失去它原有的局限性，演变成各种各样的形式，其中一个最通行的形式是：“如果坏事情有可能发生，不管这种可能性多么小，它总会发生，并引起最大可能的损失。”这就是著名的“墨菲定律”。

希望大家都能够把作业写好。老师宣读某个孩子的作文，其目的也是告诉大家，什么样的作文才是好作文，好作文该是什么样子的。这里的“表”意味着“标”，即为大家树立榜样。它就如同旗帜一样，为其他孩子指明了发展的方向。

教育者为了能够让更多的人感受到“表扬的温暖”，有时候通过表扬集体来激发斗志和加强集体的凝聚力。表扬集体不仅能够激发被表扬群体的荣誉感和自我认同感，也能够激发其他没有被表扬的集体（当然处理不好的话也有可能会打击另外的群体）。例如，学校表扬某个班级是先进班级，或者颁发广播操比赛一等奖。教师在课堂教学中也会经常表扬集体，例如某个小组、女生群体或男生群体等，让某一个集体成为其他集体效仿的榜样。集体表扬会让其他群体的孩子们产生对自己群体的凝聚愿望。

最后，“谁在表扬”。当教育者表扬孩子时，自己所说的和自己所做的，都会对孩子们产生重要的影响。

教育者的话一般来说都有一定的分量，特别是那些在孩子们心中具有一定地位的教育者。他们所说的往往成为孩子们的标准。“这是我们老师说的！”小孩子常常会把老师搬出来压制家长。而对于其他同伴，他们也经常会说：“我爸爸这么说的。”“我妈妈希望我这样！”教育者经常会发现，自己的言行已经成为孩子们行为做事的准则，尤其是小孩子。

教育者所说的和自己在实践中所表现出来的情感倾向与实践意向是否一致，这对于孩子们的影响也很大。我们常说的“身教甚于言教”就是这样的道理。例如，教育者口头上可能宣扬宽容精神，但是自己在实践中对孩子们却非常苛刻，这样的不一致常常会对孩子产生不好的影响。再如，教师教导学生要有拾金不昧的精神，但是当学生发现自己捡到的东西成了老师孩子的玩具之后，学生的这种精神会逐渐丧失。

表扬的指引意义就是教育本身，教育就是一种引导。因此，理解表扬的指引意义就是理解教育本身。对表扬的指引意义有了更清醒的认识，教育者才能够把孩子引向一个更好的方向。教育者作为引路人（educator），其意义正体现在这方面。

（四）表扬是欣赏

不少教师以为，“把孩子往死里表扬”就是教育孩子、控制孩子的秘诀。有经验的老师和父母都知道，事情并不是这样简单。教育者只有充分理解了孩子，才能把握孩子，才能够真正理解表扬的意蕴。表扬是对孩子的真正理解，是充分理解基础上的欣赏。

“欣赏”的英文“appreciate”指的就是“对事物的充分意识、领会和察觉”。“欣赏”所体现的是对一件事物的充分经验，是对这件事情已经“心领神会”，或者这件事物打动了人的心，抓住了人心，其中心智与事物似乎是联成了一体的，这就是“欣赏”的状态（杜威，1991：187）。汉语中“欣赏”意指“玩赏并赞美自己喜好之物”。“欣”乃“喜悦”之意，“赏”则为“赐有功者，赏识有才学者”，亦含有“赏玩、赞美”之意。两种语言中的欣赏都有“投入”与“充分理解和体验”的意思。

充分理解与密切关注是不可分离的。表扬意味着教育者看到了孩子、关注孩子。实际上，我们只理解我们所关注的人和事。“一个人的真正面目只有在爱他的人眼中显现出来，因为真正的爱不是盲目的，它使人的眼睛明亮”（雅斯贝尔斯，1991：92）。这也是欣赏的特征，是表扬的内在意蕴。欣赏是对孩子的真正理解，是对孩子存在的真正感知。

欣赏意味着接纳。接纳就要放下自己，走进对方。接纳不仅仅是建立关系的前提，接纳本身已经使得自己和他人处于一种关系之中，是一种向对方敞开的态度。而孩子们真正看重的表扬也是来自那些欣赏他们、接纳他们的人的表扬。当孩子有了进步、获了奖、考试成绩提升……，他们首先想到的是要告诉那些欣赏自己的人。因为只有他们才“真正理解”自己，只有他们才重视自己所取得的进步。孩子们只有在他们那里才能够找到自己的真实存在。

欣赏也意味着把自己交给对方，含有一种信任的关系。表扬就是让孩子们展示自己，让他们在体验中认识自我、发现自我。欣赏就是信任他们，让他们在大胆地尝试中体验自我。老师让学生为学校、班级做事情，这在某种程度上都是对孩子们的信任。例如，让孩子出黑板报，布置某种特殊的作业、任务，给某个老师帮忙，管理班级的图书，等等。给他们这些任务，既是对孩子们能力的信任，也是对他们个人的欣赏。教育者一句“我相信你能行!”足够让孩子们有做事情的力量和勇气。老师让孩子参加某项活动，如田径队和数学竞赛、英语竞赛等各种竞赛活动，也是一种信任，是对孩子深刻理解和欣赏的体现。孩子们从中体验到的不仅仅是参赛本身的意义，更多的是老师的欣赏或者信任。

欣赏是一种体味、玩赏，是一种静观，是静观中的理解，并在充分理解的基础上表达一种赞美或称赞。欣赏就是要停下来，驻足，花时间，真正把心思放在对象、事物上。对孩子的欣赏意味着真正走进孩子们的世界，舍得在孩子们身上花时间。孩子们是有待教育者解读的文本，具有很多的可能性。教育者需要走进孩子们的生活世界，才能够更好地理解他们的成长和需要。

急功近利的人很难欣赏孩子们，功利的父母也不能做到真正的欣赏。现在的父母往往过于迫切，希望孩子得高分、拿好成绩。有些年轻的教育工作者也很难做到。他们过于浮躁，自身教学方面面临的很多危机以及其他方面的压力使得他们难以真正欣赏孩子。

有时候，反而是那些老教师、老人，他们能够真正欣赏孩子们。只有在淡泊了名利之后，才能够真正做到欣赏。这是闲暇的特征，也是学校教育的本义。古代学校“庠”“序”既是养老之所，又是教育的场所。西方“学校”（school）一词就是源于“闲暇”（拉丁文叫作scola，德文为Schule）。亚里士多德对“闲暇”的解释就是心灵自由地从事和“欣赏”目前的行动。这才是学校教育的原初意义。

如果教育缺少了这份“闲暇”性质，教师就很难理解并发现孩子。例如，在批改孩子们的作业时，有些老师过于匆忙，只是写上一个“阅”，或者写上某年某月某日，或者只是给一个大致的分数或者等级之类的，因此就无法欣赏孩子们的“作品”，也就无法“欣赏”孩子们，因为这些“作品”就是孩子们的学习、孩子们的成长的表现形式，是孩子们自我的表现形式。孩子们拿到这样的反馈，多数感到失望——老师看不到“我”或者老师根本就没有看“我”。

欣赏是对孩子们的关注，也包含着教育者的期待，因此，教育者的欣赏会成为孩子们成长的动力。有时，教育者的这种欣赏会激励孩子们一辈子的努力。表扬并非大张旗鼓的宣传、言说，也不一定非要竖起大拇指。有时候教育者的一个微笑、一个眼神就已足够。有时，甚至越是没有言语的表扬，越是精神层面的表扬，效果越好。因为表扬更多的意义在于教育者的一种欣赏态度。

四、小结

在每个孩子的成长过程中，教育者的小小举动，如一个赞许的动作、一句表扬的话、一个欣赏的眼神，都会成为他们成长的动力，成为他们自我认同的源泉。很多时候，教育者早已忘记了这些赞美、欣赏，而孩子们依然将它们视同珍宝，反复在记忆中提取，慢慢地品味、咀嚼。

孩子们都渴望表扬，因为表扬与孩子们的生命体验直接联系在一起。表扬，尤其是来自成长中重要人物、权威人物的表扬，意味着自己被人看见、被肯定、被重视、被关爱等，这些体验不仅仅是一种需要，也是孩子们生存和成长的形式。表扬激发了孩子内在的自我，让他们有了发现自我的机会，从而获得成长的力量。因此，表扬对孩子们自我成长意义非凡，打开了孩子们的心灵，从而使他们能够接受教育影响；表扬让他们从中发现一个积极、能干的自我，也因此而有了品味自己的机会。孩子们需要超越表扬，然而孩子们只有经历表扬才能更好地超越表扬。

表扬的本质是教育者和孩子的交往形式，它体现了教育者对孩子的关注、理解、给予、欣赏以及指引的教育倾向。因此，表扬这种形式的生活，不仅属于孩子，为孩子所渴望，同时它也属于教育者，是教育者之所以为教育者的意义居所。教育者需要对这种生活形式本身进行深入的思考，这样才能够提升教育生活的质量，增加孩子们成长的可能性，从而使得孩子们的教育生活更加美好。

表扬对孩子们生存和成长的意义呼唤教育者对表扬进行反思。表扬是使孩子显现，它突出了某个孩子或者突出了孩子的某个方面。然而，有时候表扬在突出孩子某个方面的时候，却遮蔽了他们的另外一些方面。更为严重的是，表扬在突出某个（些）孩子的同时也淹没了其他孩子。因此，教育者必须要对自己表扬背后的价值进行反思，也要对表扬可能产生的集体效应进行反思。没有反思的表扬，往往会将“表扬”当作一种纯技术性的程序操作，甚至将某些过时的、迂腐的观念当作正面价值进行宣扬，从而对孩子成长产生不利的影响。

第七章 理解批评

孩子的世界，与成人截然不同；倘不先行理解，一味蛮做，便大碍于孩子的发达。

——鲁迅《我们现在怎样做父亲》

为了更好地理解孩子、理解教育，我们不仅要把握表扬对孩子们的意义，而且要理解批评对孩子们的意义。

处在成长中的孩子，无论在学校还是在家庭，经常受到各式各样的批评：在家庭生活中，孩子可能因为不小心摔跤而受到父母责备，也可能因为放学晚归而受到训问，也可能因为看电视、玩游戏时间过长而遭到训斥，等等；在学校生活中，他们可能上课迟到、不认真听课、乱发言、做小动作、把作业丢在家里、记错了作业要求、未交作业、考试成绩不佳、在集会时忘记穿校服，因此而受到老师的批评，甚至责罚。

面对这些实际的情景，我们不可能简单地说要不要批评、该不该批评，因为很多时候批评是实际发生的事件、实际存在的体验。因此，作为教育者，首先要理解孩子们是如何体验这些批评的，这些体验对孩子成长具有什么样的意义，并在此基础上对生活中已有的批评现象做出深入的教育学反思。

一、感受批评——怕批评的体验

虽然传统上有“良药苦口利于病，忠言逆耳利于行”的箴言，但这话恰恰表明人们并不喜欢批评，甚至是怕被批评。

这是一节自习课。老师刚出去一会儿，课堂就像解放了似的，同学们开始窃窃私语。不一会儿，原先静悄悄的教室变成了喧闹的会堂。就在这时，不知谁叫了一声“老师来了!”，顿时，一片肃静，随后逐渐响起了琅琅的读书声。

小明期中数学考试只考了77分。他非常担心，不知该如何向爸爸交代。忽然一个念头冒出来，他用红笔模仿老师的笔迹，把77改成了99。……看到试卷上的分数，爸爸脸上露出了喜悦的笑容，但这种笑容没有持续多久便消逝了。

上面这些情境是孩子们学习和成长过程中经常会遇到的情况。它们都反映了孩子们对批评的害怕和担心。

但他们到底害怕什么呢？海德格尔说过，怕是此在（人）现身的样式，其中包括三个环节：怕的东西、害怕本身、害怕着的存在者(此在)。它们整体地体现了怕的现身情态样式：“怕……总也是因……而所以怕”（海德格尔，1999：165)。怕固然有“可怕的东西”，它可能不期而至，也可能擦肩而过。无论如何，这都不能减少或消除害怕本身。怕构成了一种情绪体验。这种情绪不是一种生理现象，而是人与世界关系的一种整体性模式。情绪意识首先是一种世界的意识（张汝伦，2003b：252）。因此，儿童对批评的害怕不仅改变了他们体验世界的方式，同时也构成了他们成长的方式之一。

（一）怕批评的气氛

月考成绩出来了。大家早已坐在座位上等待班主任的到来。每次成绩出来，同学们都能够感受到不同的气氛。当老师满脸笑容走进教室时，课堂就显得暖融融的——很明显比其他班级考得好。而当老师一脸严峻地走上讲台时，大家便有些惴惴不安。若老师站在讲台上不说话，静静地看着全班，哪怕只有两秒钟，也让大家喘不过气来，谁也不敢说一句话……

每当批评即将来临之际，气氛变得和往常不再一样。批评的气氛非常奇妙：空气并没有任何的变化，时钟依然，但它却能引发内心许多的变化。或者说正是内心的这些变化形成了这样的气氛！笼罩在这样气氛中的孩子会感到焦虑、不安，无法把精神集中到学习上。而这种气氛在陌生的环境中更为突出，例如学生被叫到老师的办公室的时候。

“到老师的办公室去！”听到这话的学生多半会忐忑不安。老师的办公室一直是学生的“禁地”，是一个足以让他们畏惧的地方。办公室对大多数学生而言是一个严肃、空旷、陌生的环境，是一个属于成人的空间。就连熟悉老师办公室的课代表，每次给老师送作业本都是小心翼翼的。

“每次进入老师的办公室，都感觉不好意思。那么多老师看着！”

“班主任把我批得一塌糊涂！我那狼狈的样子！我在他们面前丢尽了脸，以后该怎么在他们面前做人啊！”

办公室其他老师的在场会给挨批的学生带来更大的压力。有时他们还会插嘴，把一些题外话拿来说，真是“火上浇油”，“伤口上撒盐”。当然，偶尔碰到其他老师帮助说好话或打圆场，则会让学生感激不尽。

正是因为学生都害怕到办公室去，因此办公室经常成为孩子们开玩笑或恶作剧的话题。

“老师请你到他的办公室去。”

“老师请你去‘喝茶’!”

这样的玩笑会让孩子们吃惊，心会立即悬起来，他们可能会在大脑中搜索自己可能犯下的错。当他们意识到是同伴在捉弄自己之后，往往不是给对方一顿“臭骂”，就是一顿“拳打脚踢”。

当然，遇到重大的事情，熟悉的环境也不能减轻批评气氛的压力。特别对于重大事情，如升学考试这样的事情，孩子们更多的是担心家长的批评与责备：

中考后，面对三年来奋斗的成绩，我投降了。我想象着父母看到成绩后的样子……。回到家，屋子里安静极了。我突然有一种不祥的感觉……

因为孩子知道，对于这样重大的事情，他们最终要面对家长，需要给家长一个交代。这个时候，批评并不需要言语，甚至无声的批评更让人难以忍受。有时候这种无声的批评会转化成为一种自我的批评，或者变成一种自责的情绪。这种情绪时常萦绕在周围，怎么也无法摆脱。学生在这时候才真正感受到成长的危机，如一位学生“想着未来几年要待在自己不喜欢的高中，而那些曾经朝夕相处的同学却上了重点高中，心中总也摆脱不了一份悔恨！遥想三年后，他们可能春风得意，而自己的命运还是未知数……”。

（二）怕“度秒如年”的时间

紧张的气氛中，哪怕是几秒钟，也会让人感到漫长。无论在教室、办公室还是在家中，面对成人的批评，时间总是显得那么漫长，而且“感到每一秒钟都在油锅中被煎炸似的，简直是‘度秒如年’”。批评让孩子们真正感受到什么叫作“痛苦的煎熬”。对于正在挨批的孩子来说，时间不再是钟表上的客观时间。在预期批评和等待的体验中，时间已经被大大地拉长了。

面对“诲人不倦”的教育者，孩子们的时间意识以不同于一般的方式流动着。一方面，他们内心期待着赶快离开这个“苦海”。他们往往并不认为自己的错误有多么严重，或者早就知道错在什么地方了，因此，他们对成人如此“啰唆”实在难以忍受。另一方面，迫于教育者的权威和权力，孩子们又不得不耐着性子听任他们教训。可见批评使得孩子们的时间意识交替地指向两个不同的方向：当下（甚至过去）和未来。他们希望当下能够赶紧过去，后悔当初不该；对于未来，则希望家长或老师忽视，或因繁忙而忽略，或者因有人来访而打断批评……。在情绪上，则表现为当下强迫的忍耐和对脱离困境的强烈渴望。因此，学生的意识表现出一种特有的张力，即在强烈的对比中凸显当下的无奈。正是这种强烈的对比使得生命的时间被体验到，时间意识也正是在这种对比、差异中才成为可能。

与被“延长”的时间相伴随的情绪往往是后悔和自责：“时光要是能够倒流就好了。”世上没有“后悔药”，他们现在唯一能够做的就是等着老师的教训。“好汉不吃眼前亏！”经验告诉他们，这时必须要学会忍耐，否则换来的往往是更长时间的教训。虽说此时他们心中充满了后悔和自责，但批评的当下往往并不是反省和悔改的好时机，这时他们关注的是赶快结束批评，赶快逃离“苦海”。

我心中暗自祈祷，希望时间一分当成一秒，赶快脱离这个“唾沫满天飞的苦海”。于是，我满脑子如来佛、孙悟空、猪八戒[①]……，老师的话一句也没有听进去，只有最后一句记得特别清晰：“你可以走了！”

孩子们此刻的希望是，教育者的批评要简短，一两句，点中要害即可，随后就应该把话题转向其他。他们希望教育者不要“小题大做”，过于啰唆，这样只能让人产生厌倦，而且给人造成的印象是“故意抓住你的缺点不放，纠缠不休”。这样不但会引起抵触情绪，而且达不到教育效果。

（三）怕客体化的身体

面对批评者，特别是老师那焦灼的目光，孩子们感受到身体的背叛：感到“浑身不自在”“无地自容”。很多孩子都有这样的感觉，“当老师坐在那里，就这么看着你，真是让人感觉很不自在，眼睛都不知道往哪儿放”，“真希望地上有一个裂缝”，“恨不得找个地洞钻进去”。面对批评的难堪和尴尬，孩子们都希望能够尽快逃离这个“不祥之地”，然而身体的存在却让他们不得不面对这个“可怕”的现实。批评让学生体验到身体的沉重：

在这个如此先进的时代中，为什么没有发明隐身术、隐身衣之类的东西？害得我只低着头、背着手、弯着腰，狼狈样子被同学们看见了，真是丢死人了！唉！要是我有特异功能该有多好啊！……

批评使得身体意识凸显出来。那个曾经隐匿的或者被“忽视”的身体成为自我观察和内在反思的对象。这个曾经“主体的身体”现在成了“客体化、对象化的身体”，任由他人观察、批判并注视，并在

① 《西游记》中，孙悟空因为偷吃人参果被发现而遭受书童的谩骂。他能够变法脱身，但是我们却不能。这个故事也适用于接下来有关身体的主题。

自我反思中被意识为一个对象物。梅洛-庞蒂指出，在自然态度中，身体是意向性的源头，处于世界体验的一极，所以它首先不是对象或物体，是行为和能力，是存在本身。这时的身体是主体本身，是身体-主体。世界也不是我们掌握其构成的规律的客体，世界是人的一切想象和一切鲜明知觉的场（梅洛-庞蒂，2001：5）。身体和世界是知觉体验中的两个联系在一起的意向端。

批评，特别是别人对自己的“审视”，使得意识转向自我，从而把自己或自身作为观看、审视的对象。当意识反观到被置于他人面前的这个身体时，它就不再是行为主体的身体，而成为客体化的身体了。这种客体化的身体不仅是自我意识观察的对象，而且也成为由自我意识体验到的、他人所观看的对象，成为“众目睽睽”的对象。正是这种他人意识才使得自我成为可能。这种自我意识也是导致人在他人面前害羞的源头之一，因为羞感的实质是“对我们自己的感觉的一种形式，因此属于自我感觉的范围”（舍勒，1997：179）。

这个自我只有以个体的形式被给出，而不是作为一般或常人给出时，才会有羞感。例如，模特把身体作为陌生人的对象之物时，一般不会感到害羞，但他们在自己心爱的人面前却会体验到作为个体给出的害羞感。齐美尔指出羞感的根源：自我是作为部分，而不是作为精神整体给出。例如，别人只关注自己某个部位或某个方面时，就很容易引起羞感（齐美尔，2002：160）。

这种他人意识和自我的分离所引起的害羞感和尴尬情绪，有时候会让孩子们感到“在这个班级待不下去了，下课了也不愿意下座位，不想和同学说话，只是坐在那里想着自己刚才的尴尬”。批评让学生强烈地感受到这个作为个体或作为部分而给出的自我，羞感和尴尬正是由此而产生。

老师批评集体时，学生会采取“事不关己，高高挂起”的态度。把个体自我与集体自我分离，这样就体验不到被批评的感受。因为大家都可以将自己的身体“躲起来”，躲在“集体”的背后，从而不必亲自现身。除非老师指名道姓或者旁敲侧击指向自己，不过，这样的委婉也足以避免身体的显现了。

（四）怕失落的关系

面对批评，有些孩子可能会自我安慰：“批就批吧！有什么好担心的？批完了事情也就过去了。”然而事实却并非如此简单。大人的批评会让孩子担心自己因此而被“冷落”，从而产生一种“失落感”。“失落”这一词语表达的是一种关系的脱离，“冷落”则是因为关系不好、冷淡，从而被孤立、脱离。自我的担心很大程度上是对关系的担心，怕批评在很大程度上是怕关系的脱离。

马克思说过，人就其本质来说是一切社会关系的总和。但关系又不仅仅是一种客观的社会文化现象，关系也是一种存在意识。孩子一来到这个世界就处在关系的体验之中，和周围人及世界建立起一种息息相关的联系，享受着来自关系的给予和关照，并在关系中交往和成长。随着自我意识的加强，他们的关系意识也逐渐加强，而关系本身已经成为自我不可缺少的一部分。“慈母手中线，游子身上衣”，说的正是人与人之间有了相互的“牵挂、牵连”。法国作家圣埃克苏佩里在《小王子》中也写到，小王子之所以对他星球上那朵玫瑰花念念不忘，是因为他们已经建立起一种“养训”的关系。

在这个成人主宰的世界里，孩子们是非常脆弱的。他们对成人有很多的依赖，害怕大人批评之后就不再关心甚至忽视他们。“爸爸会不会不再爱我了？”“老师会不会从此就不再看重我呢？”特别是被他们看作英雄和偶像的老师和家长批评时，他们的这种担心体验尤为明显：

我知道老师关心我，但他批评那些差生的严厉态度让我感到害怕：万一哪天我在他眼里不再优秀，或者犯了不可饶恕的错误，他也会这样对我吗？我不敢设想他这样待我的情景，我只能仔细注意他的每一个要求，很好地完成作业，尽我最大的努力把学习搞好。

从孩子的体验可知，在批评中，他们担心的往往并不是错误本身，而且也很少真正想着如何改错的问题，他们真正担心的是自己会给大人留下什么不好的印象，以及大人会采取什么样的措施对待他们。而如果大人在批评孩子之后依然能够无条件地关注他们，他们就会感到莫大的安慰。很多学生之所以不遗余力地在老师面前表现自己，在某种程度上恰恰反映了这种担心：他们不想被忽视、孤立和冷落，他们渴望被关注，希望被重视。关于这一点，孩子们自己也能够洞察到：

我们班后面那些同学，学习不行，但整天捣乱可算得上他们。上课时，他们总喜欢没事找事，惹老师生气，好让老师批评他们。他们似乎以老师的批评为荣。

其实，这种心态类似于爱哭闹的孩子——哭闹在某种意义上既表达了对大人的呼唤，又表达了对"被忽视"的抗议。这些学生之所以"渴望批评"，其实是渴望被关注。因为"批评说明老师还是关注着你，对你还抱有希望"。

孩子们最担心的情况是老师对自己不再抱有希望：

被批评时，最担心的就是，你站在那里一动不动，而老师也就这样盯着你，一句话也不说，最后叹口气，"你走吧！"那样，你的心里一定非常不好受。因为你已经被老师放弃了，说明你的学习已经毫无希望。而如果老师对你大说特说，虽然当时脸上无光，但内心还是欣喜的。因为老师还是很看重你的，并没有放弃你。你的学习动力还是有的。

只有当学生渐渐地意识到批评所体现的关系意义以及其中体现的

关怀时，他们才能够理解批评的意义。而这时批评似乎也不显得那么可怕了，甚至成了孩子们学习成长的动力。

二、认识批评——批评的效应

怕批评是人之常情，也正因为孩子怕批评，批评的教育意义才有得以实现的可能。很多时候，孩子们之所以能够坚持背诵那些枯燥的诗词文章、重复做那些单调的抄写练习、准备各种各样的考试等，除了希望获得表扬外，也因为担心或害怕家长和老师的批评。不过，从孩子们的害怕的体验中可以发现，他们的批评体验是丰富而且复杂的，其效应也不是立竿见影的，而是长远的。因此，我们可以从多角度、多方面去理解批评。从认知方面来看，批评让他们体验到社会和他人的存在和要求，同时也学会内在地反省自己；从情感方面来看，孩子们对成人的批评既有理解、同情的一面，也有不理解的一面，甚至会产生抱怨、怨恨；从个体行为和他们表现出来的意识倾向来看，面对成人的批评，孩子们可能会反抗、抵触甚至产生报复行为；从孩子的个人意愿来看，他们有可能会采取撒谎或保密的方式来对待或避免招致批评。这其中的复杂性不仅和成人批评的行为与意识本身的性质有关，也和孩子们所感受到的他们与成人的关系直接联系在一起。

（一）“知”的效应——体察和省思

1. 体察社会和他人

这个成人统治的文化世界对孩子们来说既陌生，又令他们向往。他们还不知道生活赋予他们的将是什么，也不知道未来将要面临什么样的生活环境。因此，成长对孩子们而言也就成了一种探险活动。这就需要一个既可以探索和冒险，又有保障的领地。而学校正是这样一个地方，它为孩子由家庭生活向社会生活过渡提供了一个可以安全探索的空间。杜威之所以把学校比喻为“雏形的社会”，也说明了学校的这种过渡性质。

儿童在成长、走向社会的过程中，需要在不断尝试或试错的过程中体验生活。他们可能上学忘了戴红领巾、没来得及穿校服，也可能上学迟到、逃避劳动、讲脏话等，而老师及时的批评让他们体验到来自社会和他人对纪律、劳动、礼貌、守约等方面的要求。例如，集体生活中的恃强凌弱（欺凌）行为非常常见，成人的批评不仅维护了弱者的权益，也让强者认识到人际交往的原则，意识到他人的存在；班干部在“小小的”班级管理中也经常遇到权力、责任和民主等问题。老师犹如正义的守护神，借助批评为集体生活做出规范或示范。教师经常被比喻为“园丁”，其意蕴正是扶持和修剪，防止枝蔓丛生，从而保证所有的“花朵”都能够正常生长和开放。

孩子们都渴望成功、获得承认，尤其是学业上或能力上的承认。“一分耕耘，一分收获。”社会认可的成功往往需要艰苦的努力、巨大的付出才可以实现，而孩子们并非先天地就知道，更无法事先看到。而批评让孩子们认识到这些，从而学会努力，学会坚持。“阳光总在风雨后。”批评所带来的成功和喜悦会让他们重新认识批评并发现自我的价值，从而体验到“风雨”之后的“阳光和彩虹”。

“这字写得不行，重写一张。”每次听到这话后，毛毛心里总是气愤不已，觉得书法老师在吹毛求疵。迫于无奈，他只好重写。而当他的书法在市书法比赛中获得一等奖的时候，那些抱怨和气愤早已消失在羡慕的目光、欢呼和掌声中。

2. 反省自我

人对周围世界的认识要先于对自我的认识。“认识你自己”并不是一件容易的事情。自我认识或者说反省是在对周围事物认识的中断或终止中进行的。犯错误是反省自我的时机，尤其外界的批评更易于将孩子的意识转向其自身，从而使他们逐渐形成自我反省的习惯。孩子们有时候会感到奇怪："家长或老师怎么知道我做的错事?"他们会由此开始回视或检视自我。

柏拉图说过，教育是一种"灵魂的转向"，教育者在这种转向中承担着重要的职责。苏格拉底之所以被称为教育家，正是因为他在与青年人的对话中，通过他特有的反讽，使人们认识到自己的无知，也就是形成自我认识。孩子们之所以"不识庐山真面目"，往往是"只缘身在此山中"。而批评所起的作用就是使得孩子把意识"转向"自身，从而真正开始反省自身，这正是教育起作用的表现。

有时候，孩子们不一定认同成人的批评，但是大人在批评时所展现出来的态度让他们开始思考"我到底犯了什么错误?""为什么大人对我做的事情如此大动肝火呢?""我一定是犯了不小的错误。"这些都会促使他们把意识转向自身，从而开始反思。

批评的反省作用具有一种累积效应，它往往形成一种顿悟的效果。雅斯贝尔斯也认为，教育就是引导"回头"，即顿悟的艺术。顿悟就是"灵魂的眼睛抽身返回自身之内，内在地透视自己的灵肉，知识也必须随着整个灵魂围绕着存在领域转动"（雅斯贝尔斯，1991：14）。禅宗对其弟子常常行一种"不言之教"，通过日常琐事的积累，实施类似的启悟或达到这样的效果。他们会在关键时刻通过"棒喝"来启发顿悟。"不愤不启"，关键时刻的批评经常让孩子们感到"恍然大悟"或"豁然开朗"，从而"通达"另外一种境界。

（二）"情"的效应——移情与怨恨

1. 移情

教育者经常抱怨孩子不懂事，不能理解自己的"苦口婆心"，然而事实并非如此。教育就像爱和友谊一样，是孩子们能够感受到的。只要批评中蕴含着教育者的真情，孩子们一般是能够理解的。有时候他们对成人的观察精准得令人吃惊：

大人的内心也是孤独的，他们有时会借批评你的机会诉苦。要不在批评你时，怎么会有那么多的往事被牵扯出来？爷爷奶奶骂我的时候，多半会夹杂着一些根本不相干的事情。他们其实是想和你说一些久藏在心中的话。这时候，千万不要回嘴，老人的心是脆弱的。

类似这样的"诉苦"，在一般教育者身上或多或少地出现过，只是表现的形式和程度不同而已。有的家长借着批评教育讲述一些自己的经历和期望，如自己小时候家庭是多么艰苦，现在的条件是如何如何的好；也有的是借机讲述一下自己的光荣史，如自己当初是如何努力而取得成功的；等等。孩子们对教育者的期望和关心也并非置若罔闻。有时，孩子们在批评面前虽然不能当即改正，但成人在批评中所体现出的关怀会在他们日后的回忆中逐渐得到理解，并潜移默化地影响他们。

快开学了，趁着爸妈不在家，我借了同学的暑假作业，坐在门口开始抄。邻居王叔恰好路过，"你就这样对待学习？父母整天累死累活，起早摸黑，挣钱让你读书，你这样对得起他们吗？"说完，他生气地看了我一眼，转身走了。"多管闲事！这样的话我不知听了多少遍！"我仍旧抄我的。过了好几天，这些话不知怎么又奇迹般地在我耳边响起。他那恨铁不成钢的神情深深地印在我的脑海中，我不由自主地回味着他的话，渐渐感觉他说的很有道理。在以后的学习和玩乐中，他的神情和话语经常出现。我逐渐发现自己变了，不再像以前那样贪玩了。

理解犹如成长一样，是需要时间的。孩子们对批评的理解是一个随时间沉淀的过程。因为反思是需要时间的。时间会让他们积累经历，这些经历也会逐步发酵，从而形成反思的内容。反思让他们体验成人的关爱，也体验到批评与自己成长及未来的关系。

随着成长，孩子们对批评多了一份理性的思考。

老师三番五次地把我叫到办公室给我补课，虽然我知道自己不是学习的料，但我依然非常感谢他。

以前很怕被批评，讨厌老师对我说这说那的。现在高二了，大家都各自学自己的，似乎对能够考上什么大学都有了定位，很少有人再说我什么。我心里总觉得有些不对劲，很难受。

也许那些刚入学的大学生对此有着更深刻的体验，因为他们会发现“大学老师不再像中学老师那样管我了”。在成长过程中，每个孩子都想追求一份自由，而追求自由与教育者的“管”是矛盾的。“管”是对自由的约束、限制，然而“被管”的孩子又免去很多自己可以不用承担的责任：他们只需要专心学习就可以了，其他方面的事情，如衣食住行等，甚至考试报名、日常安排等都由家长和老师来“管”。而大学的“不管”着实让他们拥有更多的自由，同时多了一些不确定性的恐慌。这样的变化还真需要他们花一段时间才能够适应。也许只有到这时，他们才能真正理解家长和老师的批评。

2. 怨恨

每个人都渴望理解。教育者希望孩子理解他们，孩子也渴望得到大人的理解。而我们会发现，有些时候教育者的批评不但不会导致理解，反而事与愿违或适得其反。

面对成人直截了当的批评，孩子们常常也会感到气愤和不服，认为他们“把事情说得严重了”，“事情并不是那样的”。在这种情绪中，他们往往认为教育者是“鸡蛋里挑骨头”，抱怨他们的褊狭：“为什么只看着我的不是，我做的好事怎么就忘记了？”或抱怨他们不留情面：“为什么老师当着那么多人的面批评我？太不给人留面子了！”对此，孩子们也会辩解，表现出反抗、不服气，“老师和家长不一定总是正确的！”

孩子们的这些抱怨很多时候是放在心里的，有时也会据理力争，甚至固执己见。如果教育者的批评失之偏颇，则更难让孩子服气，并容易导致抵触情绪。例如，教师指责学生上课说话，有的学生会这样辩解：

“是他找我说话的，又不是我找他。为什么不批评他却批评我？”

“难道因为她是女生就可以原谅，我们男生就不可以原谅吗？”

他们不仅对老师提出反抗，还会把老师的批评放大：“为什么自习课上那么多人说话，老师都不找（批评）他们，偏偏就找我？”

比抱怨更深一层的是怨恨。怨恨不同于抱怨。抱怨往往还有消解的渠道，抱怨者抱有某种期待，还渴望着教育者的关注，而怨恨则是几乎完全失去了信心和希望；抱怨往往是一种暂时的情感，是一时之愤，而怨恨是一种持久的心态，“它是因强抑某种情感波动和情绪激动，使其不得发泄而产生的情态”（舍勒，1997：7）：

老师总是偏向成绩好的学生，经常找理由批评我们这些差生。像我这样的学生感到迷茫无助，只能自己努力。

上面这样的抱怨对学生也许并不会产生多大的负面影响，但倘若遇到下面这样的怨恨，它对孩子成长的影响会更加深远，甚至是无法挽回的了。

一次数学考试，我考差了，被数学老师调到了最后一排。这一排只有一张桌子，就我一个人坐。在这里我才感受到教室的空旷、寂寞和寒冷。以前的伙伴不再有什么交往，因为他们很快就有了新的同桌和朋友，而我却没有。我恨数学老师，她的课我无法听下去……

（三）“行”的效应——反抗与报复

众所周知，作用力必然会产生反作用力。成人施加的批评或惩罚是作用力，同样在孩子那里会遇到一股抵触力、反抗力，甚至是报复力。

四岁的淘淘已经学会了自己播放 CD。他想把四张光碟叠在一起放到机器里。爸爸赶紧阻止，而他却坚持要这么做。爸爸生气地在他屁股上拍了一巴掌。他本能地回敬了爸爸两拳，但他明显感觉到自己吃了亏，因为他打过爸爸之后看了看自己的手，似乎疼的不是爸爸而是自己。爸爸对他这种不听劝阻和“以暴抗暴”的行为极其不满，于是又在他屁股上拍了一下。这下，孩子没有还手了，而是绷着脸，生气地四处寻找着什么。最终，他拿起爸爸的茶杯，气冲冲地跑出去，把它扔到了门外。

面对家长、老师的批评或惩罚，孩子们往往表现出反抗的冲动，特别是当他们感到委屈时。“看着老师那凶狠的样子，向他解释他也不听，真想和他打一架。但我知道这样做的后果，也只好强忍着……，想着只要问心无愧就行了！”

在成人的强力以及社会的强大规范下，孩子们的冲动最终都慢慢地转变为屈从，并逐渐内化在个人的行为意识和处事习惯中。有时候他们也会采取一些迂回的报复形式来消解内心的怨气：赌气，不理睬，给老师起绰号，把老师的名字写在纸上或黑板上进行攻击、谩骂，在内心诅咒老师。还有的孩子“发誓以后再也不听老师的话，也不想听他的课”，或者“不学习，不做作业，不听课，故意考试考不好”。

有一次上课，我睡着了，老师当着全班同学让我站起来，还要我站一堂课。我非常气愤，暗暗地下定决心：“我就是不听你的课。”

班主任平时对我除了批评还是批评！最近我的成绩有一些改观，老师也开始把目光投向我。但我却装作没有看见，故意忽视他对我的关注，我要通过自己的努力证明他对我的态度是错误的！

从这些事例中我们发现，孩子的报复有时显得非常天真、幼稚，但这却是他们的真实体验。他们总想寻找一点平衡或挽回点面子。有时他们希望并努力向批评自己的人证明他/她是错误的，让对方丢面子，让对方的话不灵，失去信誉，从而反衬自己的正确。所以比较常见的报复心态是“要努力证明老师对我的批评是错误的”，“要相信我的努力，我不但要证明给他看，还要向同学们证明我的实力”，“等老师向我道歉时，我也不理他”。

孩子报复父母的方式也很多：不和父母说话，把自己的房门关起来，实施“冷暴力”；故意跑到亲戚家或者躲起来，让家长着急；离家出走，如孩子所说的，“离家出走的目的就是让大人担心”。

舍勒指出，报复事态的特征是，将直接萌发的对抗冲动（以及与之相联系的愤怒躁动和狂怒躁动）抑制住，或忍住一段时间，至少一会儿，于是，这一对抗反应被推到下次或适宜的场合（“走着瞧吧，后会有期”）（舍勒，1997：7）。孩子们之所以隐忍，是因为考虑到如果直接做出反抗往往会失败。这种考虑与“无能”“软弱”相关。因而，报复本身已经是基于无能体验的体验，这总是“弱者”所处的一种情状，具有强烈的个人感情色彩。

（四）“意”的效应——“免疫”与保密

1. “免疫”

面对成人的批评，孩子们想解释，但这种解释往往被忽视。面对成人的粗暴，他们想抵抗，但往往是“胳膊扭不过大腿”，因此必须学会忍耐。不忍耐的结果往往是更大的麻烦——不仅导致更长时间的训斥，而且老师会使出自己的“绝招”：进办公室、写检讨、罚站、罚作业、布置更重的任务，甚至告诉班主任、交给学校、通知家长或请家长到学校来。因此，为了避免不必要的麻烦，孩子们认为最好的办法是“早点承认错误”。在这种屈从过程中，孩子们对批评也渐渐获得一种“免疫力”或养成对批评的“耐药性”。

“免疫力”的不良影响是孩子对批评消极抵抗：面对大人的喋喋不休，他们认为“怎么也要装出点深有感触的样子”，假装“虚心接受”，并承诺“下次不会再犯了”。这样他们逐渐学会了“当面一套，背后另一套”，或采取“你说你的，我做我的”这样的敷衍态度，从而抵消了成人对他们的影响，断绝了和成人之间的积极交流。“耐药性”的直接后果是他们把教育者的批评看成“像周围的空气一样，没有多大的感觉”，从而难以区分批评所指的好坏。尤其是对于家长的批评，孩子们更是“东边耳朵进，西边耳朵出”。时间一长，这些孩子就很容易练就一身“金钟罩、铁布衫”的功夫，对各种批评都是“刀枪不入”。这些学生不仅把成人的话当成“耳旁风”，而且有时还以不听成人的话为荣，以为这样很“酷”，很“帅”，是值得在同伴面前炫耀的事情。

2. 保密

孩子一方面对成人的批评感到无可奈何，另一方面也为成人的洞察力而感到吃惊。“妈妈是怎么知道的？”“老师怎么一下子就看出我的破绽呢？”此时的世界似乎是透明的，成人似乎可以直接“看到”他们的一切言行。但成人的曲解和误会则让他们发现，世界并不是透明的。有些事情，只要不告诉大人或不承认，就可以避免很多不必要的麻烦。于是他们就逐渐学会了保密或者撒谎，甚至隐瞒、欺骗：上学迟到，只要找个借口就可以避免训斥或罚站；作业没做，找个理由就可以免除惩戒……。偶尔的得逞会让他们洋洋得意，感觉到欺瞒行为给他们带来的好处。孩子们发现了这样的逻辑：自己不说，大人就不知道，不知道也就没有批评了。于是，孩子们生活在两个世界里，一个是说出来的世界，一个是内心的世界。

然而，撒谎毕竟要承受内心的折磨和困扰。自己的秘密总是希望有人能够知道。秘密（secrets）意味着“分离、拆散、隐秘”，秘密的这种分离感会让孩子们感到不安（范梅南，莱维林，2004：15）。何况撒谎总是“对……才撒谎”，保密也总是“对……才保密”。所以，虽然为了避免批评或惩罚而对大人保密、撒谎，但他们总会设法找一个可以信赖的人或者通过写日记这样的方式诉说这些秘密。

小林在外面玩耍时，不小心被大石头把左边大脚趾盖给砸脱落了。虽然很痛，但他不敢告诉妈妈。他担心告诉妈妈的结果肯定又是一顿数落。但他很难不把这种痛苦和自己承受痛苦的精神告诉别人，于是他告诉了表姐。表姐最终还是偷偷地告诉了妈妈，但妈妈并没有责备他。

当然，对于是否撒谎或保密，孩子们也会对具体情况做具体分析。对于那些纸包不住火的事情，或自己不能确定、无法把握的事情，如流血了或被刮伤了等，即使知道要挨批，他们也多半会选择主动告诉大人。

九岁的波波神色紧张地来到爸爸面前，神秘兮兮地说要和他谈一件事情，但不准大声嚷嚷。因为他不想让妈妈知道，怕她“大惊小怪”。爸爸答应了之后，他才指着自己的大腿让爸爸看。原来腿被铁器刮了一个很大的口子，鲜血直流，衣服也被刮破了。

三、透视批评——批评的合理性

通过孩子们的体验可以看出，他们都害怕批评，但批评不会因为孩子们的害怕、担心而消失。因此，无论是研究者还是实践者，都需要对批评本身进行思考：批评背后到底隐藏着什么？批评作为一种存在现象，其合理性在哪里？

（一）“批评”探源①

根据《说文》，“批”最初意指“反手相击”，后泛指打击，又由“批”的动作引申为在文本、公文上写的动作。现在的“批作业、批作文”正是这种用法的引申。再由写的动作进一步抽象，引申为表明这种行为的意图或旨意，如“批准、批示”。又进而引申为口头评论，并和“评”的意义相通。《说文》中并无“评”字，汉以前一般是用“平”。“平”是会意字，古代用天平称物，以所称之物与砝码平衡来定重量，“平”就表示这种平衡。“平”由平衡进而泛指无高低上下、无厚无薄、无偏无颇，如“公平、平均”；又引申为无尊无卑，如“平等”；也可以指无变乱，如“和平”。“评”是“平”引申义的专用字，从“言”。在“批评”中指无偏见的议论，评议是非优劣。

由上可见，“批评”在汉语中原本是一个中性词语，表示对事物加以分析比较，指出并权衡优劣。这种用法一直延续到现在，例如文艺批评，意为“指出优点和缺点；评论好坏”。但是在语言的使用中，由于文人相轻的传统，以及口头“批评”的简单性、时效性，“批评”逐渐专指“对缺点和错误提出意见”，专指指出“不好、劣”的一面，而失去其指出“好、优”的一面，也失去其平衡、均衡的一面。

语义的窄化进一步导致人们在日常生活中将“批评”仅仅看作一种指责或言语责备行为。这样，“批评”原本全面而丰富的意义和这些意义背后隐含的关系以及其中的行为意识就逐渐被遮蔽了。

---

① 这部分主要参考《汉语大词典》（罗竹风，1986）。

（二）权威的存在

由“批评”的词义发展可见，“批评”的意义逐渐脱离生活本身，而成为一个带有很多偏见的、抽象的词语。要真正理解“批评”的意义，就需要把它放到生活当中去思考。在实际的生活中，“批评”的意义包括三个方面：一是表示行为、动作，包括口头评议和书面评判；二是表示行为、动作的意图、意识，如为他人指出“好坏优劣”、帮助别人评议等；三是表示隐藏在背后的关系，即“批评”词语背后，存在着一种上对下、高对低的指导、示范和支配的权威关系。“批”的本义就存在于这样一种关系之中，“批评”更多地体现为权威的存在或对权威的承认。

雅斯贝尔斯指出，权威是一种精神力量，它远远超过了个人所想象和所知道的。人们生活在丰富而多样的权威之中。权威就像人们呼吸到的空气一样不可或缺。权威维系着人类社会生活的正常运转，维系着人类内在自由的、面向成长的行动，它是人类发展程度的表现。没有权威，教育是不可能的。权威是人类传承的方式，对权威的信仰是教育的唯一来源和教育的实质（雅斯贝尔斯，1991：80）。没有教育的权威，批评也就缺少了自己的准则。批评之所以可能，就是因为有某些方面的权威。教育需要孩子们对社会权威代言人，即教师的认同和敬畏。不过这种敬畏之心却不能成为教师控制孩子的借口，因为“控制固守着人与人心灵交流隔绝状态的距离，使人感觉到控制者不是出于公心，而是使用狡计，并以被控制者个性泯灭为代价。……人们应该警惕最极端的倾向，即控制变成了人对人行为的约束而使教育的爱落空”（雅斯贝尔斯，1991：5）。

权威是在历史现实中已经形成的真理，是生活本身所赋予的，它是自然形成的，不是自我宣布的，所以权威是真实的。批评在教育中的合理性正是建立在知识和文化权威的基础上。“闻道有先后，术业有专攻”表明人们对“道”“术”的承认。教育存在的合理性正在于代际的传承关系。批评中的教育关系就是建立在这种权威和代际传承的基础之上。

（三）教育关系

“我为什么要你管?”“你凭什么（有什么权力）批评我?”面对教育者的批评，孩子并不是逆来顺受。他们的挑战促使教育者开始思考。家长可能会说：“我是你爸（妈）!”很少有学生敢这样公然挑衅老师，但这并不代表他们内心不会这样说。老师的回答只能是：“我是你的老师!”然而做一个老师意味着什么呢?

当教育者说“我是……”的时候，就表明了这样一种关系——教育关系的存在。教育关系在家庭中体现为养育关系。正是由于教育关系以及这种关系背后的权威和代际传承基础的存在，教育者才有了批评孩子的合理性，但合理性中同时包含着教育的责任。所以批评的合理性就是教育的责任性。

教育关系从养育关系过渡而来。人类最初的学校，像我国的“庠”“序”，就是这样的过渡性机构。随着社会的发展，学校由养、育的双重关系逐渐过渡为单纯的教育关系，所以“学校的分界线一般都被看做是家庭的亲密无间的安全感和外面的更为危险的社会开放性之间的过渡性空间”（范梅南，2001：9）。教育关系是教育者和孩子之间最基本的关系。没有了教育关系，教育就不再是教育；没有了教育关系，批评也就不再是教育意义上的批评。教育关系的存在赋予了教育者批评的权力，同时也意味着对孩子的责任，即为孩子成长负责。教育存在的前提在于教师和学生之间的教育关系。它体现为教育者对孩子的希望，希望孩子好，而希望则是“我们在儿童无限发展的潜能上所表现出来的耐心、宽容和信念。希望是我们对孩子的生长潜能和发展趋势的体验”（范梅南，2003：128）。

然而在教育过于制度化、技术化的今天，这种教育关系出现了危机，教师似乎逐渐被剥夺了批评的权力。有些老师担心对孩子的批评会引起个人的许多麻烦，甚至主动放弃了这种权力。这其实是对教育责任的放弃，从而使得“教育”变成了“教学”，使得“教学”变成了单纯的知识、技能传授。这也是为什么我们经常看到很多教师只是进行班级管理或教学管理，对于班级里的“差生”不闻不问，对于班级中的借读生、插班生不管不问。这些教师认为把时间花在这些学生的身上是一种“浪费”，是一种“无用功”。这其实是割断了教育关系，也意味着放弃教育的责任。这种放弃不仅是失职，也是良心的缺憾。教育关系呼唤责任意识，要求对每一个孩子的成长和未来发展负责。

（四）教育意识

教育关系和权威最终只有体现在教育意识中，才能使得批评成为教育。教育意识是指向孩子成长和发展的意识，是希望孩子好的意识。这是批评之合理性的最终根据。教育关系呼唤教育意识，而有了教育意识，批评就不仅仅是“对缺点和错误提出意见”，批评更多地表现为对孩子成长和发展的积极关注、守护和规范的意识和行为。

教育的本质就是对孩子成长的关注，希望孩子好，希望这个世界更加和谐、更加美好。孩子的成长过程充满了偶然性和不确定性，于是，教师在批评中就担负起守护和规范的职责。“规范的”在英语中是“normative”，源于拉丁语中的“norma”，指的是木匠的直角尺（范梅南，2001：14）。英语的“normal”（师范）和它同源，汉语中“规矩”也是这个意思。“师范”的“范”则有榜样、身先士卒的意思，“模范”“学为人师，行为世范”中的“范”就是这样的意思。“规范”就是防止孩子超出社会之“规定”。如果越“规”，则为“过”“过错”，当然在行为、处事上还有“不及”，批评也要防止“不及”，从而把孩子引向社会允许的范围。

当我们思考“批评”的本质时，就需要追问：批评中缺少了什么就不再是教育？答案无疑就是教育意识。批评作为一种对孩子成长和发展的积极关注、守护和规范的行为和意识，其本质是教育，是教育的具体展现形式。所以，批评的本质特征是批评中的教育意识。

教育意识决定了批评行为的教育性质。不同行业的人在看到他人犯错或有过失时，可能具有不同的意识。政治家看到政敌的过错，想到的也许是打败对方的机会来了；“同行是冤家”，同行看到对手的过错，想到的也许是加速他们的“灭亡”；商人见到他人的过错，也许想到的是商机；学术界的批评也往往是借机表达自己。而教育者却不同，当他们看到孩子们的过错时，首先进入意识的是如何纠正并帮助孩子，这是指向他人成长、为了他人好的意识。

有了教育意识的批评也许体现为“恨铁不成钢”的严格，但无论如何，其出发点是为了孩子好。传统教育非常强调这种严格，并把它看作教育者的责任。“养不教，父之过，教不严，师之惰”，“严师出高徒”，说的都是教育责任。孟母三迁，“子不学，断机杼”，则是家庭严格教育的典范。

（五）与惩罚和打击的区别

当我们认识到批评背后的关系前提和教育意识之后，就能够把真正的批评与惩罚和打击区别开。

1. 惩罚

教师是否可以惩罚学生？古今中外，无人会否定惩罚在教育中的合理性，有的只是对惩罚的形式和程度的争议。

惩罚作为一种批评教育手段，既是对学生（孩子）所犯错误的一种回应，又是为了免于再次发生的错误，同时具有告诫他人的作用。人们提起教育中的惩罚，很容易想到打板子、罚站等。孩子们对批评的害怕，其中很重要的一点是害怕与批评相伴随的体罚。“他会惩罚我

吗?”但教育中的惩罚并非只有体罚:

政治老师有个规定，谁被他发现上课说话或做小动作，就罚谁下次上课时表演一个节目。有一次，我上课说话被发现，于是他提醒我下次要准备一个节目。回家后，我不得不在家苦练那首我喜欢但还唱不全的歌曲《寂寞沙洲冷》，我终于会唱了。第二天早晨我又练了好几遍。终于，我在同学们的掌声中走上了讲台。一曲完后，不仅赢得了如雷般的掌声，而且左右同学给了我“下一代歌王”的称号。从此我喜欢上了政治课。

惩罚也可以是有教育意义的。涂尔干指出，儿童犯错，惩罚是必要的，但惩罚需要深思熟虑，不能怒气冲冲（涂尔干，2006：147）。教育者惩罚学生（孩子）的形式很多，赫尔巴特就提出很多惩罚的方法，如罚站、禁止用膳、警告、剥夺自由、体罚等，而体罚只是惩罚的一种。但惩罚应该是一种“势”，是不可以轻易使用的，用赫尔巴特的话说就是“惩罚的威胁”，即使用，也要辅以“权威和爱”（赫尔巴特，2002：26-32）。

教育中的有限惩罚是监护人的一种权力，也是实施教育的有效手段。但这种权力的背后是教育责任。如果缺乏这份责任，惩罚就变味、变质了。惩罚也有着惩罚的社会准则，还要顾及儿童的心理和生理接受度。然而很多成人对惩罚运用得过滥，从而导致很多“冤假错案”，给孩子造成伤害，也损害了教育者的形象。如果缺乏教育意识和教育责任，惩罚就变成打击、报复等变态的、非教育性的行为，变成了滥施淫威的暴力、非法的虐待行为。

午饭后，小明从商店里买东西出来，刚好碰到数学老师，这让他吃了一惊：老师在班上“打过招呼”，买东西要到他家的小店去买。预感到不妙的小明赶紧到班上去做作业。数学老师中午到班级巡视并检查作业，到了小明桌前，拿起他的作业，训斥道："这题怎么这样做呢?"说完"啪!"地就给了他一个巴掌。

没有人会把这种惩罚当作教育，也不会把这样的惩罚看作批评。因为这里的出发点不是教育责任和教育意识。

若说人们对教师惩罚学生还有一些争议，那么对于教育实践中教育者对孩子的攻击、打击行为背后是否有教育意识，却很少有争议。

2. 打击

教师批评学生的出发点是教育。当我们把批评看作对学生成长和发展的积极关注、守护和规范时，我们就能够把批评和讽刺、挖苦、打击、嘲笑、嘲讽、攻击等非教育行为区分开来。

我刚转到本市最好的第一小学不久。一次，班上很多人的作业没有完成，下课后被老师集中到班级后面训话。我站在这个"集体"的后面并不显眼，然而老师对着大家训了几句后突然把手指向我，命令我站出来。"你为什么没有完成作业?"她的态度激起了我的反感，想："这么多人，又不是我一个人没做!"她继续训斥："你不是（第）二小（学）的三好学生吗? 二小的三好学生原来就你这样!"她那鄙夷的语气深深地刺痛了我，似乎我原来的三好学生是骗来的!

我们不会把教师的这种行为称为批评。这里没有教育意识，有的只是对学生的伤害，是教师在发泄私愤。这样的行为背后毫无教育意识，是一种功利心，甚至掺杂着嫉妒。它和批评的根本区别是它的非教育性。批评指向的是孩子的成长和适应社会发展本身。而这样的行为指向成长以外的事情，例如学生的前途、未来、发展，身体上的缺陷、长相、打扮，家人、身份、地位等，而不是犯错误这件事情本身。

老师把我叫到办公室。看我来了，他手中继续改着作业。"最近你长胖了吗?”老师在关心我的身体?我没有多想，只是等着他的“正题”。……后来我和同桌谈起这句，经过他的解释我才恍然大悟：原来老师说我光吃饭，光长肉，不学习，不长脑子!

类似于这样攻击、讽刺、挖苦学生的语言，在教育实践中并不少见。“了不起”就是老师经常用来嘲讽学生的一个词语。

“有些学生，辫子在头上晃来晃去的，别以为自己成绩不错就了不起。”

“不要以为你爸爸是校长就了不起。”

“有什么了不起?不要取得了一点成绩，尾巴就翘上天了。你知道什么叫‘臭’吗?‘自——大——一点’就叫‘臭’。”

这样的话经常让孩子摸不着头脑，孩子们的感觉是，“我什么时候觉得自己‘了不起’了?”这样的攻击行为的背后往往是教师自己的防御心理在起作用，是教师自己无奈和无能的表现。很难想象这样的行为是教育行为。这是一种讽刺挖苦、人身攻击，甚至是戏弄行为。马卡连柯不无感慨地认为，孩子们之所以成为违法者或“不正常的人”，都是由于受了“违法的”和“不正常的”教育的缘故（吴式颖等，2005：387）。这对教育者不能不说是一个警示。

四、反思批评——教育学批评的可能

批评的合理性探究表明，批评是建立在权威和责任基础上的教育行为，是教育的一种具体表现形式，教育意识是其内在要求。教育意识使得教育者心向着孩子，为孩子的成长负责。然而有了教育意识的批评未必就是教育学批评，因为仅有“慈悲心肠”是不够的。教育要整体地为孩子成长着想，它不仅指向孩子的现在，还要考虑曾经，更要洞察未来。教育学批评是一种“悲智双运”的批评，即在教育意识支配下的机智的教育行为。为了使得批评成为教育学批评，教育者首先需要有接纳孩子、倾听孩子、等待孩子召唤，以及对孩子保持一种敏感的态度；为了使得批评成为教育学批评，教育者还需要不断地反思自身的语言、行为和教育期待，从而保持持续反思的精神。教育学批评呼唤教育者把批评意向转变成机智的行为，让批评真正能够使孩子内心发生教育者希望的转化。

（一）教育学批评中的态度倾向

1. 接纳孩子

教育学批评呼唤教育者首先要接纳孩子。接纳孩子就是承认“孩子是目的”。纪伯伦（Kahlil Gibran）说过，“孩子是借我们而来，不是为我们而来”。而生活中很多家长不是把孩子当成实现自己未曾实现之理想的代理人，就是把孩子当成王安石笔下的仲永一样炫耀、攀比的工具。他们因此常常把外面的竞争压力转嫁到孩子们身上，从而导致不能接受孩子不优秀，不能接受孩子的成绩下降。教师则把学生当成了个人竞争的工具，这样他们就不能接受学习困难的学生，不允许学生“调皮”，更无法接受学生“成绩差”，忘记了教育本身的意义和自己的责任。家长不能接受孩子，往往是不能接受自己的折射，而教师不接纳学生的背后其实是不能接受自身利益受到威胁或遭受损失。

接纳孩子就要承认孩子的主体性。“就你这样的成绩，怎么让你到了我们班级？”当教师说这话的时候，往往忘记了自己是谁。教师可以选择学生吗？父母可以选择孩子吗？孔子早就倡导“有教无类”“因材施教”，而今我们的教育似乎忘记了这样的传统。其实教育中各种异化了的批评都是由于教育者不能接纳孩子所致。

实践中批评造成的伤害多因教育者不能接纳孩子所致。只有在接纳的前提下，批评才能称得上是教育。接纳不一定就是认可，接纳首先是承认教育关系的存在，认可是一种同意、赞同，即使没有教育关系也可以表示出一定程度的认可。对于认可的事情，就设法让它们继续发展；而对于不认可的事情，就需要设法改变。教育者可以不认可孩子，但不能不接纳孩子。

2. 倾听孩子

《小王子》一书的开头讲述了这样一个故事："我"六岁时画了一幅巨蟒吞象的画。当"我"想和大人分享这幅画时，他们不是无法理解，就是说太忙或显示出不感兴趣，从而导致"我"最终放弃了当一名职业画家的理想（圣埃克苏佩里，2015）[①]。故事的寓意是：大人总是很忙，他们不是听不进孩子的话，就是认为孩子们的事情都是"鸡毛蒜皮"的小事。

"李明，你怎么回事?""老师，我……""下课到我的办公室来一下！先坐下!""我……""好了，我们现在继续上课。"

"报告!""进来!""老师，我……""你什么呀你！我说你上课不认真听讲，还做小动作。你知道不知道，上课是……，你这样做是……，将来你……""……嗯……""以后要注意点，不要再出现这种情况了，知道了吗?""我……""好了，上课铃响了，快回去上课吧!"

"爸，妈，我回来了。""……""爸！……""你还知道爸妈啊?好小子，老子花钱让你上学读书，你连课都不认真听，我让你读书干吗呢?""爸，我……""你什么?你以为我不知道你在学校干什么?老师都打电话告诉我了!""我……""好了，你也真是的。别老这样

① 笔者自己也曾经有过类似的经历。记得在师范学校读书的时候，我比较喜欢绘画，也打算在绘画方面继续发展。学校也鼓励学生参加各种兴趣班。我就参加了绘画兴趣班。当时，老师将我们这些一年级的初学者交给高年级的学长。然而，高年级学长只教那些学妹，总是将我一个男生撂在一边，不管不问，甚至嫌弃。我仿佛成了画室里多余的人。于是，后来我就不再去画室，逐渐放弃了这一兴趣。

说儿子了！他也不小了，该懂事了。是吧？儿子！妈妈希望你引以为戒，不要再犯就行了。”“可是，我……”“好了，好了，别说了。走，吃饭去，饭都凉了！”

大人太相信自己了，总以为对孩子的一切都了如指掌。然而他们常常忘了，孩子的世界是一个不同于成人的世界。鲁迅说过：“孩子的世界，与成人截然不同；倘不先行理解，一味蛮做，便大碍于孩子的发达。”因此，对于教育者来说，倾听孩子就不仅是一种美德，而且是实现教育学批评的前提。

倾听不仅是行为上的倾听，它更是心灵上的积极关注。倾听本身就是一种教育行为，是一种身体化的教育。只有真正地倾听，才能真正地理解孩子。而只有理解了孩子，才能够真正和孩子展开教育的对话。成人之所以不能很好地理解孩子，往往都是因为不能静下来好好倾听孩子，不能倾听的根源往往都是成人自以为是的偏见。偏见使得教育者失去了对孩子的敏感性，敏感性的逐渐丧失是现代教育者的最大悲剧。因为缺乏敏感性的教育会造成下一代敏感性的缺乏。敏感性的本质是对他人的关注和爱，“一个人的真正面目只有在爱他的人眼中显现出来”（雅斯贝尔斯，1991：92）。

3. 等待孩子

倾听需要教育者学会等待。教育作为“成人”的事业，是一项长久、持续的工程，需要耐心，要有“诲人不倦”的精神。教育的最大禁忌就是操之过急、拔苗助长。等待就是要给予孩子思考和改过的机会。孩子犯了错误，在被提醒后就已经开始思考了：“后悔自己为什么没有把事情做好。担心老师对我的信任要打折扣了。”善于洞察的教育者会把更多的思考空间留给孩子自己，并在观察或检验中做出及时的回应。教师往往忽视了这样的等待精神：教师简单的、不做判断的提示，会让孩子们在日后的生活中静静地思考、慢慢地咀嚼。儿童成长有着自己的节奏，需要自己的时间和空间。机智的教育者能够意识到，批评需要选择合适的时机，而且批评的效应未必当时显现。他们会把思考留给孩子，“我相信你已经懂了！”“再想想吧！”这样孩子会更容易接受。而且他们也知道，要让孩子认识到自身的错误，不能仅仅通过说教，必须要让他们体验，让他们内在地认识到，这样才可能真正起到教育的作用。

批评的意义就是要帮助孩子去发现，不仅要发现世界和他人，而且要发现自我。教育很多时候需要教育者站在一旁，只是担任一个协助者（facilitator）的角色。为了让孩子走好，教育者需要把“路”让给孩子自己走，这是需要耐心和等待的，教育者需要和孩子的缺点一起生活、相处。正如中国台湾的学者张文亮教授所言：“孩子，是慢慢养大的，教育孩子就像牵着一只蜗牛在散步，需要我们细腻的呵护。”

（二）教育学批评中的反思精神

1. 反思自身的语言

孩子多怕批评的语言“重”。批评的语言是可以跨越主体间的界限，触及他们的心灵，对他们产生影响的。当孩子们说批评的语言“重”时，说明语言是有分量的，是能够对他们造成打击或伤害的。

赵洁没有能够答出老师的问题，低着头，非常沮丧。老师还补了一句：“你坐下来吧！省得挡着后面的人！”

“省得挡着后面的人”这话对于学生非常有“分量”，或者说非常“重”！老师让学生坐下来，并非为了这名学生，而是因为她妨碍了后面的同学。这让学生似乎成了多余的人，而且完全被老师所抛弃。学生体验不到自己的位置。类似于这样“重”的语言还有很多：

“为什么犯错误的总是你？”

“又是你！”

这些话会让学生感到教育者只关注自己的不足面，没有看到自己的积极面。即便自己已经有了很大改观或变化，老师也看不到。还有一些话让学生觉得“重”是因为对学生“判刑”过重，如“你简直无可救药!”或“屡教不改”“一无是处”“坏透了”等。倘若再加上“经常”“总是”“一贯”这样的副词，或伴随一定加强的语气，将会更有“分量”。

这些语言更多的是打击，而不是教育。它们让学生体验不到老师与自己的教育关系，也看不到教育意识，更看不到老师对自己还抱有什么希望。这些话缺乏基本的教育爱，而教育的语言总是伴随着希望的。

恰当的语言犹如春风时雨，润物无声。“只要你努力，我相信你会考上大学的!”“难道你就不想干（学习）了吗?”这些带有教育希望的话，会让学生不断回味。“哎，这孩子挺聪明的，就是不好好学习。”这句话既是表扬，也是批评，却让孩子能够感受到其中的温情和希望。

任何批评的语言都指向孩子的内在自我，使他们领会其中蕴含的关系。因此批评语言中的细微信息逃不脱学生敏感的神经。孩子们往往比教育者想象的更为敏感，他们能够感受到语言中隐含的态度、关系以及教育者的关爱。

数学老师总是一脸严肃，但他从来都不训斥学生，最多也只是说一句“你这样可不行!”。奇怪的是那些不怕打不怕骂的同学都在这句话下“怕”了。

2. 反思自身的行为

梅洛-庞蒂指出，语言所记录的不仅是“我思”，而且是“我能”（张汝伦，2003b：274）。奥斯汀（John Langshaw Austin）也认为，语言不仅仅是表达意见或说出某事，同时也是一种行为、一种承诺（施杜里希，2006：478）。有些教育者可能对批评的语言不敏感，然而对语言的不敏感其实是行为意识上的不敏感，是缺乏对自我教育意识的反思。例如，有些教育者可能学了很多的教育理论，声称要公平、公正地对待学生，但在实践中表现的却是另一套。学生对此是能够感受得到的。

老师平时指责我们学生撒谎、不诚实，可是他们自己却完全言行不一。戴着伪装的面具，显得似乎是很公平、公正的样子。其实，那只是表面工作而已。

教育者作为孩子的引路人，其权威和对孩子的影响不是说出来的，而是展示出来的。教育者一旦失去了教育者的形象，其教育作用必然会走向反面："在我的心里，他已经不是个老师，即使他教出来的学生成绩再突出！"所以，教育者要记住："你可以去骗一个骗子，也可以去愚弄一个傻子，但你绝敷衍不了一个孩子。"（麦道卫，戴依，2004：216）

有些教师经常抱怨世风日下，学生不尊重老师，却很少反思自身的行为和意识。中国传统价值强调"父慈子孝"，突出"尊师爱生"，这里体现出的教育原则首先是要求教育者有慈爱之心。批评作为一种教育，无法与慈爱分开。没有慈爱，单方面强调"子孝""尊师"是不现实的，因为教育者"教育"本身展示出他们与孩子之间没有"爱"的联系。教育是一个"化"的过程，"教"的本义就是"上所施，下所效也"。梅贻琦把教育比喻为"大鱼带着小鱼游"的生活形式。传统教育也有"言传身教"的诤言，强调"经师人师"统一。这些都说明教育者言行一致的影响作用。

教育的失败有时候并不是由于教育者的恶意，更多的是由于教育者的粗心。粗心是缺乏反思的行为。在这些教育者的眼里，批评孩子是为了他们好，这似乎是没有疑问的。但是由于疏忽，教育却以我们所不希望的方式发生作用。父母和老师往往会惊讶地在孩子们身上发现自己的缺点。作为教育者，需要反思的是，我们自身是否具备希望孩子具有的品质？教育中的策略、方法固然重要，但是倘若教育者自身的行为有悖于自己的言语，则会给学生造成不可信任的印象。事情常是如此的，“虽然你并未想要一个儿童做某件事情，但是只要你在他面前做或说某件事，那么，你将看见他是要同样试做的；这一点已为经验所证明”（夸美纽斯，2005：51）。

3. 反思自身的期望

所有这些批评的言行背后都有期望在起作用。所以教育者需要不断地反思：我们对孩子抱有什么样的期望？

对孩子不抱任何期望的人是不配从事教育事业的。因为教育就是一项充满着希望的事业。然而实际的情况不是教育者对孩子不抱期望，而是期望过多，或期望过于完美。过于追求完美者总是把一个永远也达不到的理想加在孩子身上，其结果不是教育者自己失望，便是孩子不堪重负。过于追求完美者忘记了自己的成长历史，同样看不到儿童成长的过程，其根本是忽视儿童个体、儿童时期的存在，以及忽视儿童成长的具体环境。

教育者着眼于未来，同时也要关注当下。家长希望孩子过幸福的生活，但往往忽视儿童当下的生活。他们把孩子当成了第二个自己，让孩子去实现自己不曾实现的梦想。而学校也在追求升学和自身“名誉”的旗号下成了生产无差别的“教育产品”的工厂或企业。这样，孩子们不仅失去了个性发展，而且很多其他方面的发展在学习、考试的压力下成了泡影。

当教育者对孩子的期望不在孩子自身，而是指向其他时，倘若孩子考试失利、升学不理想，教育者的失望就会更甚，批评往往也会发生扭曲。结果不仅给孩子造成很大的压力，也给教育者自己造成很多的烦恼。因此，许多学生不无感慨地抱怨，他们当前“主要头疼的问题，一是学习的压力，二是面对家长和老师的批评”。因为“父母和老师似乎只关心我们的考试分数，只要考试考得不好就要受到批评”。

对此，教育者需要不断地反思自身对儿童、对教育的期望。毕竟，“一方面，教育者需要为了儿童的幸福随时准备站出来并接受批评。另一方面，教育学是一种自我反思的活动，它必须愿意对它所做的和所代表的随时质疑”（范梅南，2001：15）。这才是教育的应有之义，否则我们的教育就是缺乏反思的。而缺乏反思的教育是不成熟的教育，缺乏反思精神的教育者也不是理性的教育者。

五、小结

对于孩子来说，批评无疑是一件令他们担心、忧虑，甚至害怕的事情。但也正是因为有了这些担心、害怕的体验，批评的教育意义才有实现的可能。

批评对孩子的教育影响是深远的，正如孩子们所说：“没有被批评过的人不是完美的人。接受批评，改正错误，才能走向完美。所以我们要对得起批评、关心自己的人。”批评不但让孩子们认识了社会、他人，也让他们逐渐认识了自己。

通过对孩子们批评体验以及教育者批评合理性的探究，我们可以看出，表面上，批评似乎是一种可观察的言语行为，是“对缺点和错误提出意见”，但当我们回到孩子的体验并对此进行反思时，就会发现批评实际上就是教育本身，是教育的具体展现形式。批评是建立在权威和教育关系基础上的教育行为，是成人对孩子成长的期望、守护和规范的意识和行为。因此，我们需要思考的是，倘若批评失去了教育关系和教育意识这个前提，就很容易变成一种控制，甚至是掩饰教育者无能、转移视线的技术性操作，从而产生那些侵犯性的、可能对儿童成长带来伤害的行为。

作为教育者，我们同时需要思考的是，有了教育意识还不能保证批评的教育意义的实现。要使得批评真正成为教育学批评——孩子真正发生教育者所希望的转变，就需要教育者不断地反思自身的行为态度和意识，从而使得批评真正指向孩子的成长。

第八章 表扬-批评教育学

一阴一阳之谓道。

——老子《道德经》

在前面对表扬、批评现象分别进行描述分析的基础上，本章将进一步阐述表扬、批评与教育的关系，希望在思考的基础上提出建立一种“表扬-批评教育学”的可能性。

一、教育是具体的

表扬、批评是教育吗？或者说表扬、批评与教育是什么关系？也许庄子论“道”的故事能够帮助我们更好地理解这个问题。

东郭子问于庄子曰:“所谓道,恶乎在?”庄子曰:“无所不在。”东郭子曰:“期而后可。”庄子曰:“在蝼蚁。”曰:“何其邪?”曰:“在稊稗。”曰:“何其愈下邪?”曰:“在瓦甓。”曰:“何其愈甚邪?”曰:“在屎溺。”东郭子不应。

——《庄子·知北游》

东郭子向庄子请教“道”究竟存于何处，庄子简单而明确地告诉他：“大道无处不在。”东郭子对这一回答似乎并不是很满意，他希望庄子能具体指出“道”在何方。庄子于是又说：“‘道’就在蝼蛄和蚂蚁中。”东郭子不解地问：“‘道’怎么会在这么卑微的生物中间存在呢?”庄子接着说：“‘道’还存在于农田的稻谷、稗草及屎尿之中。”

无独有偶，西方也有一则哲人轶事可以说明类似的道理。据说，有一次，第欧根尼①大晴天打着灯笼在街上四处走动，他边走边看，似乎在找什么东西。当人们询问他的时候，他回答说：“在光天化日之下，即使打着灯笼我也找不到一个真正的人。”确实，街上只有特定的、具体的人，从来没有抽象的“人”。

世界上没有脱离具体事物的抽象的“道”，也没有抽象的“人”。与“道”“人”一样，教育不是抽象的概念或理论。教育是成人与孩子的日常交往活动，表现为具体的行为、事件，它存在于成人的行为意识中，存在于孩子们的实际交往体验中：当孩子表现出良好的倾向时，父母积极鼓励；当孩子上课不专心或成绩下降时，老师约谈；当孩子考试成绩不理想时，家长批评……。正是在这些具体的教育情境中，教育者表现出他们对孩子成长的责任、关心和希望。孩子们也是在这些经历中，体验到教育者的关注、关心，并进行自我思考、自我认识，从而不断地成长、成人。教育“是像爱和友谊一样，存在于这种情感的亲身体验中——也就是说，在极其具体的、真实的生活情境中。就是在这儿！就在这儿！一个成人做了对孩子个人发展正确的事”（范梅南，2001：43）。

二、教育行动与反思

我国教育学界普遍继承了西方重视理论沉思而轻视行动的传统偏

---

① 第欧根尼（Diogenes，前 404—前 323）是古希腊犬儒学派哲学家。

见。而且，这一传统在近现代成了知识分子的共识，即“理论对实践的指导作用”。不仅如此，近代以来，这种传统又出现了新的表现形式。因为随着近代科学知识的发展及其在技术领域的成功运用，创制知识的地位获得了提升，从而成功地实现了“理论模式”和“创制模式”的黏合，形成了通行至今的“科学-技术模式”（徐长福，2008：113）。“科学-技术模式”的实际效果又强化了理论对实践的指导作用。这在教育中的表现形式就是，教育理论话语或教育“科学”研究范式实现了对教育实践的统治。其结果是忽视并分裂了教育实践本身的完整性，从而导致一线教育工作者实践话语的沉默。

汉娜·阿伦特洞见到理论或沉思生活传统对人类集体生活的不利影响，指出人的条件在于“积极的生活”（vita activa），并突出强调“行动”在人的政治生活中的意义。“积极的生活”包括三种根本性的人类活动：劳动（labor）、工作（work）和行动（action）。“劳动是与人身体的生物过程相适应的活动，……工作是与人存在的非自然性相应的活动”（阿伦特，2009：1）。劳动和工作都是制作性、生产性的活动，是出于生活必然性需要的活动。而“行动”却不同，“行动，是唯一不需要以物或事为中介的，直接在人们之间进行的活动”（阿伦特，2009：5）。她的“行动”就是亚里士多德意义上的“实践”。

阿伦特对人之条件的论述提醒教育者：在开端启新的意义上，人是行动的生物。教育作为一种人际交往活动，既不是“劳动”，也不是“工作”，而是一种真正意义上的“行动”，即“实践”。当然，阿伦特对“积极生活”一词的使用并没有排斥理论或沉思生活：因为“各类活动背后的关切是不一样的，其他关切不高于、也不低于‘沉思生活’的主要关切”（阿伦特，2009：9）。

人能够行动，意味着总是可以从他身上期待未曾预料的事情：他能够完成不可能的任务。行动的这些特征表明了行动者的创造性。“去行动，在最一般的意义上，意味着去创新、去开始，发动某件事”，因此需要将“行动”（“实践”）和“生产”“制作”等区别开（阿伦特，2009：139）。而“行动被生产同化必然导致行动的工具化，即它不再是亚里士多德讲的本身就是目的的实践（praxis），……用生产取代行动意味着取消了行动者的创造性，或者用阿伦特的话，重新开始的能力”（张汝伦，2008：260）。

人具有行动的创造性，表明教育具有很多可能性。这与教育实践的复杂性相关联。实践的复杂性并非简单的理论所能够掌控，更不能将表扬、批评归于脱离教育情境的技术操作。教育者需要意识到，教育的影响，很大程度上取决于教育者与孩子的关系，以及孩子对这种关系的体验与认知。

教育行动是即时性的，或者说是一种临场发挥。例如，爸爸从班主任那里已经获悉儿子这次数学考试成绩在班级里是倒数第十名，回家准备批评他，但是看到儿子正在认真地订正试卷，于是他打消了批评的想法。他突然感觉到儿子已经自省了，于是将批评的语气变成了询问的语气：“儿子，这次考试如何啊？”儿子似乎也感受到爸爸语气的变化，爸爸缓和的语气也鼓舞了孩子。儿子坚定地说：“这次没有考好。下次一定争取考好！”一场可能的冲突，很快就成了一种双向的鼓舞。再如，母亲准备叫孩子吃饭，但看到孩子正在演算一道习题，为了不打扰他，母亲决定推迟吃饭时间。教育行动是一个瞬间决定的过程，它是一种深切的关注。这是教育者基于对特定孩子的理解，在具体的情境中，对孩子施加的教育学影响，或者说避免对孩子产生不利影响。教育者所面对的儿童都是特定的个体，而且具体的教育情境又是复杂且难以预料的，因此教育行动需要教育者的智慧创造。

教育行动是反思性的。与父母的深切关注不同，教师的教育行动往往更具理性特征。教育呼唤教师行动，然后对行动进行思考：我的行动会对孩子们产生哪些影响？

老师刚获得消息：自己班学生在全区团体操表演中获得了一等奖。一上课，老师就抑制不住地想把这个消息告诉同学们，但是他还是压抑住兴奋，在下课的时候告诉了学生。他怕学生知道消息后会兴奋一整节课，从而影响了上课。

教育行动包含了反思性的和交互作用的因素。它要求成人能够控制自己，同时了解什么时候和怎样主动地、积极地与孩子交流。这样的思考是一个持续的过程：既有行动中的思考，也有行动后的反思。这样的思考或反思指向特定的孩子或者特定的集体。教师内心会形成一个对话，或者有一个反思的声音："我的行动合适吗?"这样的对话及反思是形成教育智慧的前提。作为专业教育者，教师需要有自己的专业反思方式。

教育行动是在理解孩子基础上的决策行为，它需要教学机智。教学机智是富有思想（thoughtfulness）和机智行为（tactfulness）的有机结合。教学机智是富有智慧性的行动，是既富有思想，又有机智的行为。前者是后者的背景基础，后者则是前者的表现形式。教育的智慧指向孩子的长远发展。它要求教育者首先要理解孩子。理解不是一种简单的技巧，理解是敏感的聆听和细致的观察。

从事教育的人要意识到，教育行动是首要的，而教育的理论是反思实践的结果。理论只有融入具体的实践情境，成为教育者个性化的理解，才能够发挥作用。否则，脱离实践情境的理论必然会导致教育者与孩子之间的隔阂，使得教育行动成为僵化的、机械的行为。

三、教育实践：是道路而不是技术

重视知识或理论传统所形成的技术控制模式，很容易将本来只是教育实践要素之一的方法作为技术或理论而独立出来，结果使得教育实践为技术或理论知识所支配。技术模式很容易让教育者把技术或方法与理论联系在一起，以为有了技术或方法，教育就有了保障，或教育就会自然发生。而技术模式常常使得技术或方法变成一种脱离情境的工具，从而让人们忘记了技术或方法与情境及个人之间的联系。所以，我们要提醒的是，教育者不能将表扬与批评看作教育理论或控制孩子的方法或技术。

表扬与批评属于实践的范畴。教育实践不同于学术研究或理论思考。实践的性质就是“关于应当做的和不应当做的区分，始终包含着适当和不适当的区分，并且由此假定了一种继续加深这种区分的社会习俗上的态度”（加达默尔，2004：27）。为了孩子好，教育实践首先考虑行为是否“适当”。而“适当”不能作为一个抽象的原则，我们不可能确定某种教育行为在任何时候、对任何一个孩子都“适当”。因此，教育实践是一个不断探索的过程，是一条道路（way），而不是方法或技术。它不断地寻求与孩子交往的合适方式，以促进孩子的内在发展。因此，实践本身就包含方法的要素，也就是选择合适的道路。

教育实践的道路是有所指向的，它指向儿童成长和发展。这就是教育意向的内容。教育意向不仅体现出教育者的人生哲学，也体现出我们是谁，我们在做什么，我们是如何以积极思考的方式面对世界的。教育意向与教育关系同时存在，是教育关系存在的前提。教育实践中的教育意向改变了父母和老师的行为。

教育是个体的学问。教育意向指向具体的儿童。教育的适当性在于具体情况具体对待。因为每个孩子都是独特的。一种表扬或批评方式对于这个孩子有效，而对于另外一个孩子可能就不合适；表扬或批评在某些场合或时间是合适的，但在另外一些时刻可能就不合适。因此教育实践道路具有探险的性质，难以寻找到一个普遍的规则或一劳永逸的方法。

甲骨文“教”字的右半部分表示鞭子，暗示着可能的体罚。当然，也可以理解为一种原初的教育方法，即如何教，或者用什么样的方式教。无论哪种情况，都会面临适当性的选择。教育的选择意味着选择一种可以通达孩子们的方法（way），方法就是教育通达孩子的道路。从“教”这个词的原初意义中可以看出，教育本身就包含着方法的要素或适当性的选择。我们从西方表示教育的词“education”中也可以看出它所包含的方法要素。该词源于希腊语词“educere”，“e-”表示“外面”，“ducere”表示“引导”。“educate”就是把人本身具有的能力引导出来。这让人很容易想起苏格拉底的“产婆术”——一种引导的方法。

教育方法具有适当性的前提是理解孩子。只有在理解的基础上进行选择，教育者才能够找到一条适当的通达孩子的道路，才能够更好地触及孩子的内心世界。要理解特定孩子的内心或体验，这样才能够更好地施加教育学影响。然而，我们不可能真正获得一种完全的理解。因为根据解释学循环，理解是一个不断循环的过程。理解又总是需要进一步去理解。因此，教育实践是一个需要持续关注和不断反思的过程。

关注是一种情感的介入。教育实践不是机械的工具关系，而是带有情感的人际交往和文化知识的传递活动。失去情感，教育变成纯粹的技术或方法，就很容易使得表扬或批评变味。涂尔干说过，我们常说不要在气头上惩罚孩子，需要在犯错误和惩罚之间留下一点儿时间间隔，为反思保留一点儿时间；然而，过度的冷静或冷漠所产生的教育效果，绝不比暴怒产生的效果好——如果惩罚不带有一丝感情，也就失去了一切的道德内容（涂尔干，2006：147）。虽然我们未必能够按照涂尔干所说的去做，但他重视批评惩罚中的情感因素，确实体现了教育的本质。

行动中的反思是实践的组成部分。教育行动始终伴随着方法的选择。无论是家长还是教师，在表扬或是批评时，都会留意孩子的表现。

他们常常会通过孩子的情绪表现，迅速做出适当性调整。孩子犯错误，教育者也未尽然批评。孩子考试考了高分，非常兴奋地把这个消息告诉了家长。家长的直接反应可能是表扬，但为了孩子更进一步发展，他们可能会选择先表扬，后批评，或者反过来。这是理性教育的特征，也是教育实践的临场智慧，它需要在互动中即时调整。

四、教育关系：在场与缺席

现代教育的规模逐渐扩大，形式也更加多样。但是源于生活的教育却始终是成人与孩子之间的一种生活形式。教育作为一种生活形式所具有的关系性常常被教育研究者所忽视。

《说文》解释“教育”为：“教，上所施，下所效也；育，养子使作善。”从“教”字的最初意义可以看出，教育是一种“上”对“下”的关系行为，这可以理解为代际关系中所发生的传承现象。英语中“pedagogy”（德语为 Pedagogik）的词根“ped”指“孩子”［这个词根在“pediatrics”（小儿科）中还有］[①]，词根“agogy”指的是引导和教育儿童（范梅南，2001：17）。这与汉语的词义非常相近。“pedagogy”在赫尔巴特那里指的就是“普通教育学或儿童教育学”[②]，其所强调的也是成人和孩子之间的教育关系。教育活动涉及成人与孩子的关系，是一种代际交往活动，具有很强的价值引导倾向。我们从“教育”的原初意义看到，教育始终处于教育者和孩子的关系之中。只要教育关系建立起来，即使是在教育者缺席的情况下，这种关系也不会缺席，而且会奇妙地发挥教育影响作用。

---

① “pedia”是古希腊语词，意为一般的知识，例如“encyclopedia”（百科）。这可以看作是由儿童都知道的东西所引申出来的，表示“常识”。就像我们平时所说的“小儿科”的知识。

② 和这个词相对应的教育是“andragogy”（成人教育学）。

每次去超市，我都会在香烟架子前停留片刻：我真的很想买！想着自己堕落的样子，抽着香烟的样子，……但我最后还是想到了爸爸的目光，想象着他看到我抽烟的眼光，只是片刻之间，买烟的念头就断了，只想着父亲会说："怎么坏得这么快啊你……"

教育关系就如心理学中的"场域"一样，人们看不到，但它确实存在并产生影响。心理学中的场域概念是勒温（K. Lewin）借用物理学的概念而提出来的，他认为，"任何一种行为，都产生于各种相互依存事实的整体。这些相互依存的事实具有一种动力场的特征"（申荷永，1999：152）。孩子与教育者之间的教育关系就像这种"场域"一样，虽然看不到，但它却对孩子发挥着实际的影响作用。

教育关系是以教育者为中心而指向孩子的一种意向性关联。教育者之所以被称作为"教育者"，意味着他们与孩子之间建立了教育关系。作为后来者，孩子是"被抛到这种关系中的"。"教育者"是在与孩子的教育关系中被命名的，教育者首先作为一种关系性的存在。教育者一般最直接的是指孩子的父母或老师。当然，爷爷、奶奶、叔叔、阿姨、哥哥、姐姐以及其他亲戚朋友也都可以是教育者，甚至被请来陪护孩子的保姆也处于这样的关系之中。

一个4岁左右的小女孩跟她的外祖母住在乡下的花园里，那里只有她们俩。小女孩显然是想打开花园里人造喷泉的水龙头，以便看到喷水。但当她正要这样做的时候，却突然把手缩了回来。她的外祖母鼓励她开水龙头，但小女孩回答说："不，我的保姆不喜欢这样。"保姆虽然不在场，但是她的禁令却依然起作用。（蒙台梭利，2003：114-115）

"pedagogue"（教育者）在西方最早就是指陪伴孩子的"教仆"。当我们说一个人是教育者的时候，我们是把他/她置于一个关系中理解，即从他/她对孩子施加教育影响的角度来看待，把他/她作为一个可以示范、可以作为榜样的人来看待的。传统上把教师培养称为“师范教育”就是这个意思，而把教师称为“先生”也有这方面的意思，“言彼先己而生，其德多厚也”（徐梓，2007：31）。“长”“师”“先”所表达的都是教育者与孩子之间具有一种先在的教育关系。

教育关系决定了教育者指向孩子们的意识方式，教育者时刻都会注意他们对孩子的影响。他们始终把对孩子的积极影响作为一种责任，从而使孩子朝向“好”或“善”的方向发展，这就是教育意向。正如范梅南在论述“教育学”（pedagogy）概念时所强调的，教育学始终是有所选择的，它“与区分什么对儿童好、什么对儿童不好的分辨能力有关”（范梅南，2001：15）。

教育意向所表明的是教育者对孩子的责任感和使命感。成人与孩子们之间的教育关系决定了他们的行为方式。日常生活中成人对孩子的教育行为或者说善意行为几乎是一种良知的召唤。我们发现，成人即使社会身份或地位再高，也很少会在一个孩子面前显露威风。相反，在孩子们面前，他们一般都能够显示出人性固有的仁爱、慈祥的那一面。这几乎是教育意向的本能表现。有些父母感情不和，甚至婚姻也是名存实亡，但是为了不影响孩子中考或高考，他们会选择容忍。如果父母正在为琐事或情感的事情在争吵，孩子正好放学回来了，有心的父母会停止争吵。他们不希望因此而影响孩子的情绪。我们常常还会看到，当两个成人在谈论着带有“性”的话题时，倘若孩子出现，他们会立刻停止或转移话题。成人作为教育者，为了要给孩子们一个很好的榜样，在孩子们面前往往表现得比平时更加坚强。父母也很少把悲观留给孩子们，他们总是要把希望留给孩子，即使自己连活下去的勇气都没有了。这就是教育的意向性质：替孩子着想。

教育意向伴随着一种情感的投入，这种情感是对孩子的爱或关切。这是教育意向的特征，正是这些特征决定了教育者的行为方式始终处于理性和感性之间。而表扬、批评如果没有这样的意向，在孩子那里也很难形成持续的教育学影响。

五、教育存在：学生体验

人们常常喜欢用“胡萝卜加大棒”[①] 来指称表扬与批评或奖励与惩罚。不过，这只是从“技术”层面理解，将表扬、批评看作控制学生的手段，以为这样就能够达到教育目的。然而，教育的目的不在于教育者是否能够控制或驾驭学生，教育目的也不是让学生言听计从。教育是要帮助唤醒孩子自我成长、自我约束的潜在本质，从而使孩子达到自我认识。

家长也许在孩子面前很有权威，然而这可能只是表面现象。孩子一旦离开了家长的视野，就会更加肆无忌弹。教师也许认为自己关心所教的学生，但是学生可能体验不到教师行为中的关心。教师也许认为自己的表扬或批评是“有效的”，但是学生的体验可能大相径庭。就批评来说，教师认为那是关心学生，为了学生好，但是如果学生体验到的是教师故意让自己出丑，那么其教育效果就根本不是教师所想要的。教育不是一厢情愿，教育需要有效果。教育的效果需要从学生的体验中寻找。

学生的体验，也是学生的生活世界，是教育实际发生的领域。当我们说回到“教育本身”的时候，实际上我们是想知道学生（或孩子）如何体验教育。在表扬或批评学生的时候，教育者经常要问自己的首要问题是，学生会产生什么样的体验？这样的体验对他们的成长具有什么样的意义？

---

① 人们经常用“胡萝卜加大棒”比喻运用表扬与批评（或者奖励和惩罚）两种手段诱使学生向着期望的方向发展，阻止学生朝相反的方向走。它来源于一则古老的故事：要使驴子前进，就在它前面放一个胡萝卜，用一根棒子在后面赶它。

教育者要关心孩子的生活体验。只有真正关注孩子的体验，孩子们的存在才有了显现的居所。教育者如何关注孩子们的体验，他们就是以何种方式存在于教育的世界中。教育者对孩子的体验越清晰，教育就显得越清楚。

为了更好地理解孩子或教育，现象学会提出这样的问题："这样的生活体验或者那样的生活体验的本质和意义是什么？"生活体验的意义往往比语言中所使用的概念的意义更难确定，这常常会让教育者感到困惑。生活体验是即时的、当下的、直接的，而当我们想要通过记忆或反思恢复体验的内容时，已经太迟了。因此，本质上，生活体验只可意会不可言传，我们无法确定它的最终意义。我们永远也不可能像直接发生时那样恢复生活体验。确实，对于某种体验，我们不可能完全说出或者完全把握它的所有意义。

现象学反思能够帮助我们更好地理解学生体验的意义。现象学反思试图在我们把这些体验或现象变成认知的、概念的或者理论的成果之前，把握它丰富的生活意义。确实，有些概念的或者理论的阐述可能会误导或者遮蔽原初的意义。但我们不能因此而放弃我们对孩子生活体验意义的询问和探究：孩子或学生的这种体验是什么样子的？该体验对他们的意义是什么？我们只有不断通过这样的提问，才能够逐渐区分体验复杂而细微的性质。通过主题化或概念化的方式把握体验的意义，不仅可以帮助教育者确认意义的存在形式，更重要的是，这种反思能够培养教育的敏感性。

学生体验是教育者反思自我的一面镜子。没有对学生体验的理解，教师就无法真正理解自己的教育行为，也难以看到自己的教育效果。只有理解了学生的体验，教育者才能够更好地进行教育实践；只有在理解的基础上，我们的教育实践才称得上是理性的实践。如果教育者的教育学反思不是建立在对学生体验的理解之上，那么这样的反思还没有深入触及教育的存在。

当然，我们说关注学生的体验，未必是要想方设法让学生始终体验愉快、幸福。学生需要体验快乐，同样也需要体验挫折。生活中的各种困难是不可预测的，学生不经历一定的挫折，也不能更好地理解人生。有时候，挫折教育的意义更为深远。必要的磨砺是他们成长路上很重要的一个环节。“不经一番寒彻骨，哪得梅花扑鼻香。”挫折教育不仅能够加深他们的体验，还能够锻炼他们的意志。恐惧、害怕都是人类的基本体验，如博尔诺夫所言：“人只有在恐惧的袭击下才会从其漫不经心的日常生活中解脱出来并明白自己的真正存在。”（博尔诺夫，1999：28）如果教育者过度担心孩子会害怕，或者教师担心家长会因为批评或惩罚造成孩子害怕、恐惧而提出抗议等，实际上是将日常教育与真正的存在对立起来。这对教育是一种人为的扭曲。

六、表扬-批评教育学：“一阴一阳之道”

古希腊哲学家巴门尼德看到并指出了世界对立的两半：光明/黑暗，优雅/粗俗，温暖/寒冷，存在/非存在。他把其中一半称为积极的，另一半称为消极的。轻为积极的，重为消极的（昆德拉，2001：5）。人们在生活当中总是倾向于“避重就轻”。人们常常也将表扬与批评置于这样的两极：表扬是正面的、积极的、快乐的、幸福的，而批评则是反面的、消极的、冲突的、痛苦的。因此，人们总是倾向于赞同表扬，否定批评。但是，将表扬与批评也置于这样的两极之中是有问题的。

表扬是从积极方面展现教育。每个孩子都渴望表扬。表扬能够在孩子心中激起生命的波澜；它就像阳光一样，不仅温暖孩子们的心田，也照亮他们前方的道路；它就像风帆带动小船一样，把孩子们引向教育期望的方向；它又像礼物一样，让孩子们在接受的同时又要想方设法做出回报。表扬打开了孩子们潜藏的东西，让不可见的东西变得可见，让可能的东西成为现实，从而让孩子们感受到自己的存在和价值。

表扬对孩子们意味着很多：被看见、被肯定、被重视、被关爱等，因此表扬被孩子们看作一种身份、一份荣誉。如果没有对身份和荣誉的渴望，孩子们就很难获得社会性的发展。但我们同时要看到其另一面：过分注重孩子们的身份感，很容易导致孩子过分自我或失去自我，过分关注这份荣誉，往往也很容易滋长虚荣心。

表扬突出了某个孩子或者孩子的某个方面，但同时又遮蔽了其他孩子或者孩子的其他方面。例如，学生为了考试排名而努力学习，实际上学生还有更多重要的事情要做。在班级教学、集体教学中，对学生个体的表扬不仅是面向个人的事情，而且是一种集体、公共的事件。现代学校教育更多的是面对集体，而教育发生在每一个个体身上。教育不能过分“扬”此“抑”彼，也不能“彰”此“隐”彼，除非是在集体教育意义上的选择。因此，教育者必须要对自己表扬所产生的效果和表扬背后的价值进行反思。没有反思的表扬，或是机械的“技术”操作，或会成为时尚思想的“同谋”。批评亦是如此。

批评在不同情境中有着不同的意义。对于孩子来说，批评无疑是一件令他们担心、忧虑甚至害怕的事情。但也正是因为有了这些担心、害怕的体验，才使得批评的教育意义有实现的可能。批评对孩子的教育影响是深远的。正如一个学生在回忆自己的经历时告诉我的，“没有被批评过的人不是完美的人。接受批评，改正错误，才能走向完美。所以我们要对得起批评、关心自己的人”。批评不但让孩子们认识了自己与他人的关系，也让他们学会承担起自己的责任。但批评对孩子们的影响又是复杂的，既有积极的影响，也有消极的影响。人们之所以经常把批评看作一种艺术，也正说明了批评表现形式的多样性和批评影响的复杂性。批评影响的复杂性和形式的多样性要求教育者认真思考和探究儿童的可能体验，并在此基础上对批评进行批判性的反思。

老子《道德经》指出："天下皆知美之为美，斯恶已。皆知善之为善，斯不善已。故有无相生，难易相成，长短相形，高下相盈，音声相和，前后相随。恒也。"老子的话提醒我们，世界上的事物总是相依为生，相对立而得以存在，正所谓"一阴一阳之谓道"。因此，我们不能将表扬与批评对立起来。

教育者的表扬与批评就如同为孩子铺设的两条轨道，有了它们，孩子才能够安全地在"教育的轨道"中成长；表扬与批评又像船工的两只桨，需要平衡用力，船才能够驶向正确的方向；表扬与批评有时又像指挥交通的警察，一手指示着停车，另一手则为行车指示方向；或者说，表扬与批评像一位慈祥的母亲在教孩子走路，一只手守护着孩子，防止孩子摔倒，另一只手则向前方延伸，鼓励孩子前往那里去探索。

表扬与批评是教育，但不是教育的全部，就像黑和白并不构成全部的颜色一样。一方面，表扬与批评之间并非泾渭分明；另一方面，就表扬或批评来说，我们也很难对其进行确切的界定。因为教育的情境是如此复杂，孩子的体验是如此丰富，简单划分界限，将会遮蔽意义的丰富性。

在表扬与批评之间还有中间地带。这些中间地带往往是孩子们自由成长的空间和时间。它们占据孩子们成长的很大一部分。而且随着孩子们独立意识的增强，自我意识的提升，他们对成人的依赖越来越少。因此，这样的空间也就越来越大。现代教育使得孩子们的自由空间和时间被压缩，他们的大部分时间都是在学校老师和家长的监督和控制之下被安排的，属于自己的时间非常少，自己的自由空间也非常小。教育需要留给孩子自我成长的空间，如儿童的秘密空间。孩子们需要这样的空间进行自我探索、自我拓展。

第九章 理解教育希望

“希望”对于人类来说是一个美好的词语，无论是在日常生活中，还是在工作、学习、思考时，“希望”都始终如一地陪伴着我们。虽然生活有时会令我们失望，但我们会重新燃起希望。儿童的成长寄托着教育者的希望，教育学的魅力就在于教育者对孩子的未来抱有美好希望。

现象学是对本质的探究。本质追寻的是事物是什么以及缺少什么就不是该事物。现象学教育学会这样询问：“教育如果失去希望，世界将会怎样？”如果没有我们（成人、父母或教育者）对孩子（或学生）的教育希望，教育还有存在的可能吗？我们还能够称其为教育吗？我们无法设想“没有希望的教育”或“失去希望的教育”。无论是表扬，还是批评，都是教育者对孩子希望的表达，是一种希望孩子好的愿望。如果没有“希望孩子好”的意识，那么表扬、批评还属于教育吗？

本章将对教育希望蕴含的可能意义进行现象学的描述，以加深对教育的理解。

一、教育希望的“尚未性”

教育希望是指向未来的意向。希望意向是一个“将来式”，它意指一个将来的事态，一个有待于成为现实的事件或事态，一种“尚未存在”。“教育希望”是指向孩子（或学生）未来成长的可能性存在及其相关对象或事态的意向，是一种愿景式的意指和意向呈现。作为一种对未来可能性的意向，“教育希望”也是一种想象。

想象是“通过现在存在的东西把不再存在的东西与尚未存在的东西在一个连贯的经验中联结起来”（康德，2008：175）。根据萨特，想象的活动同时是构造、孤立和否定。想象的对象不是心理内容，而就是实在的人和事物，但这些人和事物要么不存在，要么在想象的时候不在场。当我们想象一个人时，我们不是在想象这个人的意向，而是在想象这个人本身。但是我们通过想象建立起非真实的事态或世界（张汝伦，2003b：252）。教育希望就是意指这样的事态或世界，它将真实的人（孩子或学生）与一个可能性的世界联系在一起，从而构造一个未来世界，一种“尚未存在”。

希望意向指向远方——不仅仅是空间距离上的远，同时也是时间维度上的远，因此它是具有时间和空间跨度的意向。用博尔诺夫的话说，希望具有“明天性”。明天性是人的特征，一般动物却没有（博尔诺夫，1999：46）。它具体表现为人的计划性和前瞻性的特征，在教育希望中体现为等待。希望的实现是一个需要等待的过程，而且可能是一个漫长的过程，其结果也可能是模糊的、不确定的。希望与等待同时存在，希望的意向总是在等待中朝向对象。人们一般不会因为遥远而放弃，而是将希望意向的目标作为一盏指路的明灯，指引前进的道路。

由于时间和距离遥远的缘故，教育希望意向具有模糊性的特点，虽然日常具体的希望可能会指向更为具体的目标，如希望孩子把字写好、希望孩子养成良好的习惯或希望孩子考上理想的大学等，但其目标意向只是希望意向中心的“核”，核的周围是一个范围广泛的“光晕”或者意向“雾团”。它们由各种可能性情况或具体目标的变体所构成。这种模糊性既由目标的长远，又由成长的不确定性以及孩子的多种可能性所决定，甚至是由教育希望自身的不确定性所构成。教育希望的这种模糊性也表明了希望富有弹性的特征。

由于希望意向指向未来世界或尚未存在，所以它缺乏直观的充实。希望所指向的对象或事态可能会有直观充实的时刻，但是当希望达到了直观充实，也就意味着希望成了现实，希望也由“将来式”变成了“现在式或者过去式”，那时候，教育希望将不再是“希望”。所以充实虽然是“希望”之希望，却也是“希望”之消解。它是“希望”之实现，也是“希望”对自身的否定。“希望”正是通过直观充实来消解或否定其自身的存在，使得“尚未存在”成为“现实存在”，进而孕育新的希望或让位于新的希望，开启新的希望之旅。

教育希望是一种理想，教育理想常常与特定的教育理念联系在一起。因此可以说，教育希望意向是对特定理念的分享，是在一定理念或理想的指引下而出现的一种意向，它是“完美的”理念在教育者意识中的存在方式。用希望的眼光看待孩子，就是用一种更加完美的眼光对待孩子。它将孩子置于一种理想的可能性中。可能性是我们对待教育的方式之一。完美地看待孩子，就是用一种理想的方式将他们与可能性的事态想象地结合在一起，呈现出他们可能的样子。理念是完美的，它会指引教育实践一步一步地接近希望所指向的理想。

意向性不只是认识或纯粹表现对象，意向性还具有爱、恨、怕等情绪特征（萨特，2000：647）。教育希望是对孩子未来美好生活的憧憬，它寄托着父母（或教育者）的情感价值指向，也渗透着对与孩子相关事物、事件的情感和态度。教育就是希望孩子有更好的发展或生活得更加美好。为了孩子们的发展，父母（或教育者）开始关注很多以前未曾关注或被忽视的东西，孩子们的兴趣也会激发父母（或教育者）的兴趣。对孩子们的希望使得父母（或教育者）对很多事情保持一种积极开放的态度，对于那些会给孩子造成伤害或产生负面影响的东西则会保持警惕或产生厌恶的情绪，甚至设法消除、消灭或回避。如暴力、色情电视节目，不良的社会现象，影响儿童学习的网络游戏、手游等，父母（或教育者）不希望孩子过多接触这些方面的内容。若这种情感过于强烈，而孩子的表现不尽如人意，则会引发家长更为强烈的情绪反应。

由此可见，教育希望意向具有两种形式。一种是正向的，它将孩子或孩子将来某一时刻与某种可能的生活状态直接联系在一起，或将某些属性、特质直接赋予孩子。例如，希望孩子成为医生，成为一名科学家，希望孩子成为一个善良的人，其基本范畴形式是“希望 A 成为（或拥有）B”。教育希望的另一种形式是负向的，是否定性的、剥离性的，即希望将某种属性或事件与孩子剥离。例如，希望孩子不要沉溺于网络，希望孩子不要走上错误的道路或希望孩子不要发展暴力倾向等，其基本形式是“希望 A 不要做（或没有）C”。这两种基本形式都有各种变体，但它们都可以变换的形式纳入这两种基本形式。

二、教育希望的关系性

在日常相处过程中，尤其是在批评、惩罚过程中，孩子偶尔会质疑成人：“你凭什么教训我？”“我不要你管！”孩子的质疑往往会促使教育者反思与他们之间的关系。当教育者说（想）“我是你的爸爸（妈妈、老师、班主任）”的时候，实际上是在确认一种关系，一种养育或教育的关系。因为这样的养育或教育关系，父母对孩子怀有希望；因为这样的教育关系，教师对学生抱有期待。这种养育或教育关系是教育活动的前提和基础。教育者对孩子的教育学希望正是建立在这样的教育关系基础之上。实际上，人们只会对与其有关系的人寄予希望。

教育是一项共同体的活动，年长一代通过交流将文化遗产传递给年青一代。教育者希望已有的文化能够得到继承，希望下一代有更加美好的生活，只有这样，共同体才能够更好地延续。任何教育学都建立在这样的希望基础之上，没有这样的基础，人类共同体难以延续。马塞尔（Gabriel Marcel）指出，只有在“我们”［以及在“爱”（agape）］的层面上，希望才是有可能的。在单个“自我”层面上，无论是自我迷恋还是仅仅关注个人目标，希望都是不存在的（Marcel，1951：10）。对孩子寄托希望就是表明一种“我们”的关系——“我们”处于一种共同体中，“我们”生活在联系中。没有这样的联系也就无所谓希望。这样的共同体的关系是教育希望存在的条件和基础。

从教育的源头来说，怀有孩子就是怀有希望。希望成为父母、希望成为老师就意味着希望建立一种关系，一种充满希望的养育或教育学的关系。孩子是父母的另一方面。人们常说，孩子多大，母亲就多大。因为，孩子来到这个世界，才有母亲的称谓。父亲也一样，有了孩子，父亲就有了作为父亲的责任。学生和教师之间的关系也是类似的。在教学之前，教师只是具有资格的潜在教师。成为孩子的老师，就有了教师的职责。与孩子建立教育或养育的关系之后，教育者就多了一份教育的义务和责任。

教育希望的关系性在教育学逻辑上具有优先的地位。父母在准备要孩子的时候，在给孩子起名字的时候，准教师在备考教师资格的时候，这种关系就已经潜在地建立起来。我们常常用“孕育希望”或“怀有希望”这样的表达，实际上已经包含了这样的意思，表明父母与孩子之间具有一种与生俱来的教育希望关系。因此，孩子与父母（或教育者）之间的教育关系是一种先天的关系，它在孩子来到这个世界之前已经确立。

教师与孩子之间的联系似乎并没有父母与孩子之间的关系那么紧密。但是正如范梅南指出的，父母和孩子之间的恰当关系为教师与学生之间的教育关系提供了丰富的信息。教师必须不断地提醒自己、留意自己与孩子之间“替代父母”的关系（范梅南，2001：8）。父母希望孩子是自己生命和文化的延续，而教师也希望“桃李满天下”。但真正成为教师意味着要和孩子建立一种关系，建立一种教育他们、引导他们成长的关系。教师要从“替代父母”的关系上寻回他们与孩子之间的原初关系。

教育希望的关系性是不对称的。孩子是“被抛入”这个世界并被置于这样的关系之中的。因为他们在来到这个世界或者在进入关系角色之前，这种关系已经被规定。因此，父母（或教育者）在教育关系中居于主导和主动的位置，孩子则处于被动的处境。孩子对教育关系的理解是被动的，他们不一定能够意识到这种关系及其责任或义务，但教育者必须明确这样的关系。有了孩子或面对学生，父母或教育者有责任将自我的意识转移到孩子身上。教育是社会共同体延续的一场接力，教育者有责任将孩子教育好，通过他们促进共同体文化的传承。

教育关系的不对称性意味着教育者必须有更多的付出和给予。对孩子或学生抱有希望意味着一种付出和给予，这种付出和给予也许是既有物质方面的，也有时间和精力方面的，更多的则是爱、操心、烦等情感因素。而对孩子或学生“不再抱有希望”意味着不再期待、不再给予。这实际上是切断了与孩子之间的关系。这对于孩子或学生来说是一种剥夺，剥夺了他们学习成长和文化传承的权利。没有了教育关系，父母就不再是父母，教师也不配作为教师，教育者就失去了对孩子的教育影响。教育希望就是这样，只要教育学的关系还在，教育希望就一直在那儿，它支撑着我们的教育实践。

三、教育希望的实践性

希望首先意味着要行动，因为行动将所知道的事实与希望知道的事实区别开（Marcel，1951：10）。希望为我们预设了美好的未来，促使我们努力寻求并坚持去实践，用实际行动去改变现有的世界，以创造更加美好的生活。只有行动才能够将教育希望由可能性的“尚未存在”变成现实性的“美好生活”。教育希望指向美好的未来生活样态，实践是它能够得以显现的路径。

希望是一切行动的力量来源。“人本质上是一种超越的存在，注定要追寻某种超出普通经验范围的事物。……希望构成可以逐步走向超越的开端。”（施皮格伯格，2011：613）希望给予人们信心，帮助人们战胜困难。斯蒂芬·金（Stephen King）的小说《肖申克的救赎》的主人公安迪最后对自己说的话道出了这样的道理：“记住，希望是个好东西，没准儿是世上最好的东西，而好东西永远都不会消失！”希望在他身上体现为不屈不挠的精神。虽然蒙受不白之冤身陷牢狱，却始终对未来怀有希望，希望使得他始终不会习惯监狱里制度化的生活，始终没有被同化，始终在寻找脱身之道，并用尽所有的耐心去经营这种可能性，最终获得了自由。正是希望使得小说主人公最终能够摆脱囹圄。

希望能够帮助人们战胜各种危机。即使人们处在黑暗中，只要心中怀有一份希望，或者保持一份信仰和信念，就能够克服巨大的困难。相反，如果一个人失去了希望，就会变得消沉和颓废。“无希望”是无法忍受的，而且从人的需求上看，这种无希望是完全无法忍受的人生态度（布洛赫，2012：4）。布洛赫（Ernst Bloch）指出，希望的工作不知灰心丧气，希望的工作不爱失败而爱成功。希望不畏害怕，希望也不再胆怯，希望会使人变得更加辽阔。希望不满足于被动投入生活中，它努力寻求有助于这个世界的东西（布洛赫，2012：1）。希望是战胜无助、战胜分离、战胜内心恐惧的最好方式。

希望使得教育者对孩子的成长更加敏感。敏感就是对孩子各种表现的密切关注，是对孩子日常行为和意识中显露出来的特征的准确把握和恰当理解。敏感是对孩子爱的表现形式，它表明心中有孩子。因此，从根本上说，对孩子敏感就是对孩子存在的感知。敏感与爱联系在一起，爱让教育者对孩子的存在更加敏感。教育希望与教育者对孩子的爱有着天然而紧密的联系。因为爱使得教育者将注意力放到孩子身上，而不是停留在自己身上。教育者爱孩子，所以对他们抱有希望。因此，教育希望是一种美德，一种善。这其实是教育所固有的德性之一。父母如果不爱孩子，就没有理由要孩子。不能热爱儿童的人是不配当教师的。爱超越了逻辑，我们无法用推理来表达或讨论我们的爱。

教育希望使得教育者更加富有耐心。儿童的成长是一个漫长的经历，一个循序渐进的过程。成长具有自己的节奏和时间性特征。等待是因为意识到了成长的过程性质，教育者在希望中等待孩子的成长。等待意味着尊重儿童成长的规律和遵循儿童发展的节奏，而不是按照主观意愿行事。如果教育者过于急切，忽视了成长的时间性特点，走得过于匆忙，忽视了希望意向从孕育到发展再到形成的过程，就会出现揠苗助长、凌节而施这样违背教育规律的情况。如果教育者过于重视结果，忽视了希望本身的生存意义和教育学意义，包括美学意义，就会看不到很多重要的东西，遮蔽了儿童自身存在的意义。

希望让教育者对孩子提出更多的要求。要求是儿童成长所必需的。无论是传统教育学还是欧洲的新教育思想或美国的实用主义教育学，都有着自己的教育目标，都有对儿童的具体要求。没有要求，放任儿童自由成长，这对于儿童是不负责任的。儿童的成长是一个接受并适应文化的过程，他们需要教育者的引导，需要教育者的帮助。成长必须要经过历练，而教育希望的结果是需要艰苦的历练和一定的承担才能够最终实现的。教育希望是教育的指引，是孩子前进的动力。

希望会激发希望。教育者对孩子的教育希望是孩子成长的动力。希望给予“我们对孩子的发展的各种可能性的耐心和忍耐，信念和信任。体验到我们的信任的孩子由此而受到激励，对自己充满了信任。信任激发了信任！信任的希望激发了孩子，使他们能够对自己的前途和发展充满了自信”（范梅南，2001：91–92）。如果孩子看不到希望，就无法获得持久的学习动力。如果对未来没有一个方向或积极的看法，哪个学生能够整天面对那么多作业、书本？希望作为“尚未存在”，为成长敞开一个发展的空间。教育者的希望和信任是激发孩子自我潜能发展的有效力量。教育者是否对孩子抱有希望，孩子是能够感受得到的。其心理机制可以从心理学中的“期待效应”或皮格马利翁效应中得到验证。

希望以思想认知为中介，逐步转化为完善世界的实际行动，它通过行动而实现人的自我超越。如萨特所说：“希望意味着我们必须要采取行动才能够使这项行动得以实现。人类的行动是超越的，它在希望中孕育，它总是在现在中孕育，从现在朝向一个未来的目标，我们又在现在中设法实现它；人类的行动在未来找到它的结局，找到它的完成；在行动的方式中始终有希望在。希望存在于行动的性质本身之中。也就是说，行动同时也是希望。”（萨特，1988：36）

四、教育希望的矛盾性

教育希望的意义是多方面、多层次的，其中也包含很多的矛盾性。教育希望是对孩子“美好生活的梦想”，是对孩子未来的美好期待，但教育者在对孩子未来的期待中却又必须面对孩子当下的生活以及现实基础。教育希望是感性的、情感的，但教育却是理性的。因此，教育希望呼唤理性的反思。教育希望最终是教育者对孩子成长的期待，它属于成人的世界，然而，孩子有着自己的生活世界，所以教育希望要建立在理解孩子的基础上。

希望作为一种“白日梦”，有时也是一种幻想。与孩子直接相关的教育者，总是对孩子抱有很多美好期待和憧憬。教育者对孩子常常满怀希望，甚至野心勃勃。因此，教育希望容易让教育者产生幻觉，将目光集中在希望的“未来”方面。而对未来的过分关注可能会导致对孩子当前实际的忽视，使教育者忘却事实的层面，只关注可能或虚幻的一面。其结果可能是“一叶障目，不见泰山”，遮蔽了孩子的其他可能性。教育希望意向只是一种可能性，它离孩子发展的现实性到底有多远，需要多方面的考察判断。孩子的成长是一个多方面条件合成的结果，很多结果会出乎教育者的意料，或者说不符合教育者的希望或预期。教育者的希望很可能是一厢情愿，它不仅与孩子的现实性相差甚远，甚至是南辕北辙。未来是在当下的基础上生发与成长出来的。教育必须基于现实的和具体的生活。因此，教育者的教育希望需建立在对孩子可能性洞察和理性分析的基础之上。只有这样，教育希望才会有根基，也才能够更好地帮助孩子成长。这是教育客观性和科学性所要求的。如果忽视这一点，教育希望可能就会成为真正的“白日梦”、纯粹的幻想。

“希望”作为一种与信念、信仰联系在一起的情感，它在很大程度上是非理性的。如哈特曼（N. Hartmann）所指出的，“一切信任和信赖都是一种冒险，……这等于信任者把赌注押在被信任对象上，他就像置身于一场赌博之中”（博尔诺夫，1999：48）。教育希望的感性和非理性往往会形成“放大镜”效应，它喜欢“放大”孩子的可能性，将“星星之火”看成“燎原之势”。孩子展露一点点的才艺，教育者可能就会将其放大为某种才能，幻想某方面的可能性。而如果孩子的行为和发展与教育者的希望不符，甚至相左，教育者的情绪可能会走向反面，产生失望或绝望的情绪。失望和绝望是希望破灭或看不到希望的时候所产生的情绪体验。“情绪是人与世界的一种整体性模式。情绪不是理性的世界意识。情绪是人对世界的一种特殊的态度，在实践中找不到出路的情况下，这种对世界的态度就会出现。”（张汝伦，2003b：252）从这方面看，教育希望是脆弱的。因为和其他情绪比较起来，希望更加能够毁坏人的生活。而父母和教师常常被失望所困扰。

希望是一种无能为力的反应。当教育者寄托于希望的时候，实际上是遭到了拒绝。当教育者对孩子充满希望，或者满怀期待的时候，他们很可能已经令教育者失望。而教育者对此往往缺乏反思。教育希望指引着行动沿着它所导向的方向走，直到面临失控和失望的时候，教育者才可能对教育希望进行反思：我们对孩子的希望是不是太高了？我们的希望是否有问题？……教育实践是理性的，它呼唤教育反思。教育反思需要教育者学会理性思考自己的希望，需要将蒙蔽自己希望的思想和意识辨识清楚，从而将教育希望建立在理性的基础上。

教育希望是一种愿望（wish），也是一种意志（will），虽然它以某种形式指向孩子的发展，但它最终却属于成人的世界。成人很容易将自己的意志看作孩子的可能性，将教育希望的意向作为一种必然性追求。必然性的诉求还会导致教育者将希望变成一种命令，这样不仅导致自己的偏见，也让孩子勉为其难。很多教育悲剧就是这样造成的。例如，父母将孩子变成自己的延伸，从而去实现自己未能实现的目标；或者将孩子作为比较的工具，与其他家庭或孩子进行比较；或将孩子作为自己的面子的延伸。成长有其自身的规律，儿童有着自己的生活世界。孩子是借我们而来，不是为我们而来。“儿童是他或她自身前途和命运的真正意义上的代理人”（范梅南，2001：5）。教育者无法代替孩子成长，成长的道路只能由孩子们自己走。儿童的成长与经历有很多偶然性。教育希望必须面对孩子的各种偶然性，要从各种偶然性中洞察孩子的可能性和必然性。偶然性增加了教育希望的复杂性。教育就是要向各种可能性敞开，在偶然性中洞悉可以希望的未来。

教育希望的矛盾性是复杂多样的，它会随着各种情境的变化而变化，因此也增加了教育的复杂性。教育者要理解这样的复杂性，并对之进行思考。这是孩子给教育者带来的挑战，也是教育赋予的责任。教育者只有对孩子的成长和教育保持一种虔敬的态度，并时刻保持一种反思的精神，才能让教育希望成为孩子成长的积极因素。

五、不知疲倦的教育希望

希腊神话中有个“潘多拉盒子”的故事：

普罗米修斯从宙斯那里盗得天火，触怒了宙斯。后来，宙斯就造了一个盒子，里面装满各种罪恶，但接受盒子的人不知道。虽然被警告，但是潘多拉的好奇心战胜了一切，她偷偷打开了盒子，结果一团烟冲了出来，将一切“礼物”全都释放，这里面包含了幸福、瘟疫、忧伤、友情、灾祸、爱情等等。在潘多拉打开盒子以前，人类没有任何灾祸，生活宁静，那是因为所有的病毒恶疾都被关在盒中。潘多拉害怕极了，慌乱中，她盖住大盒子，但一切都已经太迟，盒子内只剩下了“希望”。

该故事的喻意之一是指明“希望”对于人类生活的重要意义：人类即使不断地受苦、被生活折磨，心中也总是留有可贵的希望。确实，希望是人类最重要的财富，没有希望，人类也就失去了梦想；没有希望，人们也就没有了未来。没有未来和梦想，当下的实践也就失去了发展的意义。教育是一项未来的事业，没有未来，也就没有了教育。希望对于教育如同灵魂对于生命，没有希望的教育就如同没有灵魂的生命。

教育是共同体的一种生活方式。教育希望是教育者与孩子之间联系的表达方式，是共同体的构成要素，是共同体成员的亲密体验之一。

共同的生活需要教育者在日常与孩子的相处过程中不断地对自己的教育希望进行审视、思考，并不断地进行调整和修正。倘若教育者不能对教育希望进行很好的反思和调整，就很容易招致失望或引发教育矛盾，形成负面气氛，进而影响孩子的成长。教育希望这种反思性并不是作为当然的东西赋予所有人的。因此，如博尔诺夫所说，人必须像学习居住一样，学习希望（博尔诺夫，1999：48）。无论父母还是教师，作为教育者，不仅要对孩子寄予希望，还要学会希望。

教育希望所指向的是儿童的可能性存在。可能性的地位高于现实性（海德格尔，1999：45）。儿童就是一种可能性，他们的成长具有很大的可塑性。这些可塑性正是教育希望之所在。儿童是未成熟的。这种未成熟并不是缺陷，而是为发展的可能性打开空间。教育要尊重这种未成熟的状态（杜威，1990：60）。儿童的可能性激发教育者的好奇和探索的欲望。教育希望就是对儿童可能性世界的探索。教育希望是有待于我们去充实、去实现的财富，它激发教育者探索的兴趣和去完成的梦想。教育者不会因为一个希望得到满足就停止了希望，也不会因为一时的失望而放弃希望。生活、工作会停止，然而，教育者对孩子们的希望寄托不会停止，所以说，教育希望是不知疲倦的。这种不知疲倦的精神正是教育学本性之一。

参考文献

中文文献

阿伦特，2006. 精神生活：思维［M］. 姜志辉，译. 南京：江苏教育出版社.

阿伦特，2009. 人的境况［M］. 王寅丽，译. 上海：上海人民出版社.

艾恩，2006. 奖励的惩罚［M］. 程寅，艾斐，译. 上海：上海三联书店.

奥勒留，2008. 沉思录［M］. 何怀宏，译. 北京：中央编译出版社.

博尔诺夫，1999. 教育人类学［M］. 李其龙，等译. 上海：华东师范大学出版社.

布朗，2004. 自我［M］. 陈浩莺，等译. 北京：人民邮电出版社.

布洛赫，2012. 希望的原理：第 1 卷［M］. 梦海，译. 上海：上海译文出版社.

布因克曼，勒德尔，2017. 教育视频的现象学分析：课堂中的指示、注意和交互关注［J］. 华东师范大学学报（教育科学版）（5）：30-45.

陈成辉，2003. 中国教师“表扬”言语行为的实施研究［D］. 桂林：广西师范大学.

陈向明，2000. 质的研究方法与社会科学研究［M］. 北京：教育科学出版社.

崔光辉，2009. 现象的沉思：现象学心理学［M］. 济南：山东教育出版社.

崔学鸿，2003. 赏识教育初论［M］. 合肥：安徽大学出版社.

丹尼尔斯，2002. 真情互动：如何运用正面鼓励的方式使人表现出优秀品质［M］. 王瑀，王栎，译. 北京：新华出版社.

德波顿，2007. 身份的焦虑［M］. 陈广兴，南治国，译. 上海：上海译文出版社.

德布尔，1995. 胡塞尔思想的发展［M］. 李河，译. 北京：生活·读书·新知三联书店.

杜威，1990. 民主主义与教育［M］. 王承绪，译. 北京：人民教育出版社.

杜威，1991. 我们怎样思维［M］. 姜文闵，译. 北京：人民教育出版社.

范梅南，2001. 教学机智：教育智慧的意蕴［M］. 李树英，译. 北京：教育科学出版社.

范梅南，2003. 生活体验研究：人文科学视野中的教育学［M］. 宋广文，等译. 北京：教育科学出版社.

范梅南，2008a. 研究并理解学生的体验［M］//陈向明. 质性研究：反思与评论：第 1 卷. 重庆：重庆大学出版社：12-21.

范梅南，2008b. 教育敏感性和行动中的实践性知识［J］. 北京大学教育评论（1）：2-20，188.

范梅南，莱维林，2004. 儿童的秘密：秘密、隐私和自我的重新认识［M］. 陈慧黠，曹赛先，译. 北京：教育科学出版社.

冯友兰，2007. 中国哲学简史［M］. 赵复三，译. 天津：天津社会科学院出版社.

弗林斯，2006. 舍勒的心灵［M］. 张志平，张任之，译. 上海：上海三联书店.

弗罗姆，1986. 爱的艺术［M］. 陈维纲，等译. 成都：四川人民出版社.

伽达默尔，1988. 赞美理论［M］. 夏镇平，译. 上海：上海三联书店.

伽达默尔，杜特，2005. 解释学 美学 实践哲学：伽达默尔与杜特对谈录［M］. 金惠敏，译. 北京：商务印书馆.

耿宁，2002. 论胡塞尔的“生活世界”［EB/OL］. 倪梁康，译.（2002-02-12）［2019-03-13］. http://philosophy.sysu.edu.cn/phaenomenologie/xzzl/xzys/3618.htm.

海德格尔，1999. 存在与时间［M］. 陈嘉映，王庆节，合译. 2版. 北京：生活·读书·新知三联书店.

韩东晖，2003. 智慧的探险：西方哲学史话［M］. 北京：中国人民大学出版社.

豪克，1992. 绝望与信心：论20世纪末的文学和艺术［M］. 李永平，译. 北京：中国社会科学出版社.

赫尔巴特，2002. 普通教育学、教育学讲授纲要［M］. 李其龙，译. 杭州：浙江教育出版社.

黑尔德，2005. 导言［M］//胡塞尔. 生活世界现象学. 倪梁康，张廷国，译. 上海：上海译文出版社：1-45.

洪汉鼎，2001. 诠释学：它的历史和当代发展［M］. 北京：人民出版社.

胡塞尔，1986. 现象学的观念［M］. 倪梁康，译. 上海：上海译文出版社.

胡塞尔，1992. 纯粹现象学通论［M］. 李幼蒸，译. 北京：商务印书馆.

胡塞尔，1999. 哲学作为严格的科学［M］. 倪梁康，译. 北京：商务印书馆.

胡塞尔，2001. 欧洲科学的危机与超越论的现象学［M］. 王炳文，译. 北京：商务印书馆.

胡塞尔，2005a. 欧洲科学危机和超验现象学［M］. 张庆熊，译. 上海：上海译文出版社.

胡塞尔，2005b. 生活世界现象学［M］. 倪梁康，张廷国，译. 上海：上海译文出版社.

胡塞尔，2005c. 现象学的方法［M］. 倪梁康，译. 上海：上海译文出版社.

加达默尔，2004. 真理与方法［M］. 洪汉鼎，译. 上海：上海译文出版社.

金生鈜，2007. 承认的形式以及教育意义［J］. 教育研究（9）：9-15.

康德，2008. 康德著作全集：第 7 卷：学科之争 实用人类学［M］. 李秋零，译. 北京：中国人民大学出版社.

夸美纽斯，2005. 夸美纽斯教育论著选［M］. 任钟印，选编. 任宝祥，等译. 北京：人民教育出版社.

昆德拉，2001. 生命中不能承受之轻［M］. 洪涛，孟湄，译. 贵阳：贵州人民出版社.

拉思斯，2003. 价值与教学［M］. 谭松贤，译. 杭州：浙江教育出版社.

莱维纳斯，2000. 存在论是基本的吗？［M］//倪梁康. 面对实事本身：现象学经典文选. 北京：东方出版社：677-689.

勒维纳斯，2002. 塔木德四讲［M］. 关宝艳，译. 北京：商务印书馆.

刘洁，2012. 现象学教育学之源：兰格威尔德的现象学教育学思想探析［J］. 教育研究（9）：152-157.

卢勤，2013. 告诉孩子你真棒！［M］. 南京：译林出版社.

罗蒂，2003. 哲学和自然之镜［M］. 李幼蒸，译. 北京：商务印书馆.

罗竹风，1986. 汉语大词典［M］. 上海：汉语大词典出版社.

麦道卫，戴依，2004. 六 A 的力量［M］. 黎颖，王培洁，译. 南昌：江西人民出版社.

梅洛-庞蒂，2001. 知觉现象学［M］. 姜志辉，译. 北京：商务印书馆.

梅洛-庞蒂，2002. 知觉的首要地位及其哲学结论［M］. 王东亮，译. 北京：生活·读书·新知三联书店.

蒙台梭利，2003. 童年的秘密：揭开儿童成长奥秘的革命性观念［M］. 金晶，孔伟，译. 北京：中国发展出版社.

梦海，2012. 中译本序：一个更美好生活的梦［M］//布洛赫. 希望的原理：第 1 卷. 梦海，译. 上海：上海译文出版社.

倪梁康，1994. 现象学及其效应：胡塞尔与当代德国哲学［M］. 北京：生活·读书·新知三联书店.

倪梁康，2000. 现象学运动的基本意义［M］//倪梁康. 面对实事本身：现象学经典文选. 北京：东方出版社：1-36.

倪梁康，2002. 自识与反思：近现代西方哲学的基本问题［M］. 北京：商务印书馆.

牛海彬，2006. 赏识教育研究［D］. 长春：东北师范大学.

齐美尔，2002. 羞耻心理学［M］//齐美尔. 社会是如何可能的：齐美尔社会学文选. 林荣远，编译. 桂林：广西师范大学出版社：157-166.

萨特，1988. 存在主义是一种人道主义［M］. 周煦良，汤永宽，译. 上海：上海译文出版社.

萨特，2000. 胡塞尔现象学的一个基本概念：意向性［M］//倪梁康. 面对实事本身：现象学经典文选. 北京：东方出版社：645-648.

萨特，2001. 自我的超越性：一种现象学描述初探［M］. 杜小真，译. 北京：商务印书馆.

舍勒，1997. 价值的颠覆［M］. 罗悌伦，等译. 北京：生活·读书·新知三联书店.

舍勒，2000a. 德行的复苏［M］//倪梁康. 面对实事本身：现象学经典文选. 北京：东方出版社：153-173.

舍勒，2000b. 现象学与认识论［M］//倪梁康. 面对实事本身：现象学经典文选. 北京：东方出版社：174-237.

申荷永，1999. 充满张力的生活空间：勒温的动力心理学［M］. 武汉：湖北教育出版社.

圣埃克苏佩里，2015. 小王子［M］. 李桂兰，改编. 兰州：兰州大学出版社.

施杜里希，2006. 世界哲学史［M］. 吕叔君，译. 济南：山东画报出版社.

施皮格伯格，2011. 现象学运动［M］. 王炳文，张金言，译. 北京：商务印书馆.

陶玉虹，2006. 基于批评话语分析理论对教师课堂话语的研究［D］. 北京：首都师范大学.

涂尔干，2006. 道德教育［M］. 陈光金，沈杰，朱谐汉，译. 上海：上海人民出版社.

王坤庆，2000. 教育学史论纲［M］. 武汉：湖北教育出版社.

韦辛格，1989. 批评的艺术［M］. 笙铎，译. 北京：世界图书出版公司.

沃尔拉特，1998. 质性研究写作［M］. 顾瑜君，译. 台北：五南图书出版公司.

吴式颖，等，2005. 马卡连柯教育文集［M］. 北京：人民教育出版社.

吴娴兰，2002. 控制与服从：赏罚对学生行为的影响［D］. 南京：南京师范大学.

西美尔，2001. 时尚的哲学［M］. 费勇，等译. 北京：文化艺术出版社.

熊华生，2006. 为了儿童的幸福与发展［D］. 武汉：华中师范大学.

休谟，1980. 人性论［M］. 关文运，译. 北京：商务印书馆.

徐长福，2008. 走向实践的智慧：探寻实践哲学的新进路［M］. 北京：社会科学文献出版社.

徐梓，2007. 说“先生”［J］. 中国教师（10）：31-32.

雅斯贝尔斯，1991. 什么是教育［M］. 邹进，译. 北京：生活·读书·新知三联书店.

严平，1998. 走向解释学的真理：伽达默尔哲学述评［M］. 北京：东方出版社.

叶秀山，等，2011. 西方哲学史：学术版第7卷：欧洲大陆哲学［M］. 南京：江苏人民出版社.

扎哈维，2007. 胡塞尔现象学［M］. 李忠伟，译. 上海：上海译文出版社.

扎哈维，2008. 主体性和自身性：对第一人称视角的探究［M］. 蔡文菁，译. 上海：上海译文出版社.

翟秀军，2005. 母亲的批评/表扬类型及其与幼儿成就动机的关系［D］. 济南：山东师范大学.

詹姆士，1963. 心理学原理［M］. 唐钺，译. 北京：商务印书馆.

张汝伦，1999. 思考与批判［M］. 上海：上海三联书店.

张汝伦，2003a. 良知与理论［M］. 桂林：广西师范大学出版社.

张汝伦，2003b. 现代西方哲学十五讲［M］. 北京：北京大学出版社.

张汝伦，2008. 中西哲学十五章［M］. 上海：上海书店出版社.

张志伟，2000. 西方哲学智慧［M］. 北京：中国人民大学出版社.

张志伟，2004. 西方哲学十五讲［M］. 北京：北京大学出版社.

中国社会科学院语言研究所词典编辑室，2016. 现代汉语词典［M］. 7 版. 北京：商务印书馆.

钟启泉，张华，2003. 在东西方对话中寻求教育意义："世界课程与教学新理论文库"主编寄语［M］//范梅南. 生活体验研究. 宋广文，等译. 北京：教育科学出版社：1-2.

周弘，2004. 觉醒：赏识教育讲学精华读本［M］. 北京：北京出版社.

朱光明，陈向明，2006. 理解教育现象学的研究方法［J］. 外国教育研究（11）：1-6.

朱光明，应单君，2012. 理解《现象学+教育学》的使命［J］. 教育学报（11）：28-33.

朱立元，1997. 当代西方文艺理论［M］. 上海：华东师范大学出版社.

邹进，1992. 现代德国文化教育学［M］. 太原：山西教育出版社.

外文文献

Barritt L，Beekman A T，Bleeker H，et al.，1983. A Handbook for Phenomenological Research in Education［M］. Michigan：The University of Michigan，School of Education.

Brown W E, Payne L T, Lankewich C, et al., 1970. Praise, criticism, and race [J]. The Elementary School Journal, 70 (7): 373-377.

Faber A, et al., 1995. Praise that doesn't demean, criticism that doesn't wound [J]. American Educator, 19 (2): 33-38.

Gulanick N, Schmeck R R, 1977. Modeling, praise, and criticism in teaching empathic responding [J]. Counselor Education and Supervision, 16 (4): 284-290.

Hyland F, Hyland K, 2001. Sugaring the pill: praise and criticism in written feedback [J]. Journal of Second Language Writing, 10 (3): 185-212.

Kockelmans J J, 1987. Phenomenological Psychology: the Dutch School [M]. Boston: Kluwer Academic Publishers.

Levering B, Van Manen M, 2002. Phenomenological anthropology in the Netherlands and Flanders [M] // Tymieniecka A-T. Phenomenology World-wide. Dordrecht: Springer: 274-286.

Marcel G, 1951. Homo Viator: Introduction to a Metaphysic of Hope [M]. Crauford E, trans. Chicago: Regnery.

McLeod J, 2001. Qualitative Research in Counselling and Psychotherapy [M]. London: SAGE Publications.

Spiegelberg H, 1975. Doing Phenomenology: Essays on and in Phenomenology [M]. The Hague: Martinus Nijhoff.

Tauber R T, 1990. Criticism and deception: the pitfalls of praise [J]. NASSP Bulletin, 74 (528): 95-99.

Van Manen M, 1991. Can teacher be taught [J]. Phenomenology + Pedagogy, 9 (1): 172-181.

Van Manen M, 1997. Researching Lived Experience: Human Science for an Action Sensitive Pedagogy [M]. Albany, NY: SUNY Press.

Van Manen M, 2002. Writing in the Dark [M]. London, Ont: The

Althouse Press.

Van Manen M，2003. On the relation between pedagogy and philosophy [C]. The Far Western Philosophy of Education Society Conference，University of Hawaii，January 15-18th.

Van Manen M，2013. Phenomenology of Practice [M]. Walnut Creek，California：Left Coast Press，Inc.

Zaragoza K，2005. A Moral Psychology of Blame [D]. Princeton：Princeton University.

术语索引

G

H

J

K

L

M

P

Q

R

S

W

X

Y

Z

后记

《左传·襄公二十四年》有言："太上有立德，其次有立功，其次有立言，虽久不废，此之谓不朽。"作为知识分子，未必敢于奢望"不朽"，但一般都希望自己能够著书，并能够"立说"。作为一名教育学专业研究人员，我也希望能够将自己对教育的一些见解与教育界同行分享。本书是在我的博士论文的基础上修改、增补而成的。在成书过程中，我保留了原来博士论文中的叙事风格。这样可以"如其所是"地展示我的研究过程，为读者提供一个真实的研究样例，让那些对本书中呈现的方法和现象感兴趣的读者，能够从我"做现象学"研究的过程中获得一些启发。

之所以在此时将本书付梓，主要出于以下几点考虑：首先是学术界有一个"要么出版，要么出局"（Pulish，or Perish）的潜规则，逼迫自己要出版专著；其次是虚荣心作祟，身边很多同行都在出版专著，作为一名专业人员，我的内心也禁不住诱惑；再次，想借着出版的机会，督促自己对先前的研究进行整理；最后，更重要的是，毕竟本书的撰写花费了不少的时间和精力，而且除了我自己的付出之外，还有导师辛苦的指导，以及众多友人的支持和帮助，包括提供材料的学生们的支持，将研究成果出版也是对他们的尊重。

有时，在夜深独处的时候，我脑中会浮现张载“为天地立心，为生民立命，为往圣继绝学，为万世开太平”的话，在这样的时刻，我会不禁自问：我是否辜负了导师的培养，是否努力发扬导师的学术精神，并继续精研和推广？虽然有好多理由为自己推脱，但是终究要努力做出一些实际的行动。我想，本书的出版，也算是给自己不安的内心一点儿安慰吧！

本书的出版要归功于陈向明老师的指导和帮助。虽然我已经毕业离校多年，但陈老师一直是我的学术支持力量。每次遇到学术上的问题，我第一个想到的就是求助于陈老师。在我的生活中，陈老师从来就不曾缺席！也感谢同门兄弟姐妹们一直以来在精神上给予我的支持和激励，让我感受到师门大家庭的温暖。他们给了我出版的动力。

同时，我想借着本书出版的机会，向我的硕士生导师——首都师范大学教育学院宁虹教授——致敬。能够成为宁老师的学生是幸福的。读书那会儿，宁老师的学生都是其他同学羡慕的对象。这除了因为宁老师作为学术带头人形成了富有凝聚力、影响力的“宁门学派”之外，还因为他的经师人师的品格。和宁老师接触过的人都知道，他是一位非常慈祥、和蔼的学者，然而宁老师对学生的学术要求却非常严格，这让学生们都很怕他。记得有一次，他打电话指导、批评我的论文，电话中说了有两个小时（那时移动电话还是双向收费），说得我浑身直冒汗，虽然是在冬天。宁老师的身体不是很好，作为学生，当时我不仅没有给他省心，而且经常让他生气。这让我一直耿耿于怀！在读博士的时候，有同行提醒我，说我发表文章用“教育现象学”，而硕士时用“现象学教育学”的概念，这似有背叛师门或“另立门户”之嫌。在此，我想说明的是，这种区分没有实质的意义，而且我也并不认同学界对这两个概念的强制区分。我看到很多学者在指称马克斯·范梅南的现象学研究的时候，既有用“教育现象学”的，也有用“现象学教育学”的。从现象学的角度来看，“多样化”只是“同一性”的表现形式，而我始终关注的是“同一性”——如何做现象学教育学（phenomenological pedagogy）的研究。亚里士多德曾经说过，“吾爱吾师，吾更爱真理”，但在这里，我要修改亚里士多德的说法：吾爱真理，但吾更爱吾师！这是实践的真理！

我要再次感谢那些给予我研究支持和帮助的老师、朋友、同事，还有我的家人。

我还要感谢安徽大学及安徽大学的虞宝桃老师、张晶老师、程雁雷老师对我在安大工作的支持和帮助，使得我能够安心打造自己的著作！

本书的编校过程中，翁绮睿编辑对很多地方提出了非常好的修改建议，在此特别感谢！

另外，在撰写本书过程中，我曾将部分内容分别投稿并刊载在《全球教育展望》《外国教育研究》《教育研究与实验》《教育理论与实践》等期刊上，在此特别表示对期刊及期刊编辑的感谢！

2019 年 3 月 15 日

于安徽大学逸夫图书馆

出 版 人　李　东
责任编辑　翁绮睿
版式设计　沈晓萌
责任校对　白　媛
责任印制　叶小峰

图书在版编目（CIP）数据

表扬与批评现象学／朱光明著．—北京：教育科学出版社，2020.5（2023.9 重印）
（实践–反思教育学文丛／陈向明主编）
ISBN 978-7-5191-2121-1

Ⅰ.①表…　Ⅱ.①朱…　Ⅲ.①教育学—研究　Ⅳ.①G40

中国版本图书馆 CIP 数据核字（2019）第 294963 号

实践–反思教育学文丛
表扬与批评现象学
BIAOYANG YU PIPING XIANXIANGXUE

出版发行	教育科学出版社		
社　　址	北京·朝阳区安慧北里安园甲 9 号	邮　　编	100101
总编室电话	010-64981290	编辑部电话	010-64981167
出版部电话	010-64989487	市场部电话	010-64989009
传　　真	010-64891796	网　　址	http://www.esph.com.cn
经　　销	各地新华书店		
制　　作	北京金奥都图文制作中心		
印　　刷	唐山玺诚印务有限公司		
开　　本	720 毫米×1020 毫米　1/16	版　　次	2020 年 5 月第 1 版
印　　张	15.5	印　　次	2023 年 9 月第 4 次印刷
字　　数	182 千	定　　价	46.00 元